知識ゼロ、資金ゼロから

億万長者になれる株入門

鈴木正剛

幻冬舎MC

知識ゼロ、資金ゼロから
億万長者になれる株入門

はじめに

２０１２年12月の政権交代で始まったアベノミクスと、そのアベノミクスの「第一の矢」として放たれた日銀の大型金融緩和。さらにはＧＰＩＦ（年金積立金管理運用独立行政法人）の株式投資への比率引き上げなど、追い風が重なったことで日本株は大幅な上昇を続けています。安倍政権誕生からこれまでの約2年間で、日経平均はすでに約９０００円も上昇しました。

加えて、２０１４年11月には「黒田バズーカ第2弾」、つまり日銀の追加金融緩和が行われ、12月の選挙では現与党が圧勝。アベノミクスの継続も決まり、２０２０年の東京オリンピック開催を控えて、今後3年以上はこの株高トレンドが続くと見られています。

この相場の上昇を目にして、これまでは縁がなかったけれどいよいよ株を買ってみたい、過去にうまくいかなかったけれど再チャレンジして儲けたい、と考える人は多いと思います。

しかしその一方で、初心者が株で儲けるのはほとんど不可能、莫大な資金がないと株高の恩恵にあずかれない、複雑なテクニカル指標の勉強をしなければ株価の推移を読めない、と考えている人も少なくないはずです。

確かに株は、誰もが必ず儲けられるというものではありませんし、一定のリスクを伴う投資であることは間違いありません。例えば、２００８年のリーマン・ショックにより日経平均株価は急落し、多くの投資家は大きな含み損を抱えました。

それでは、現在の株高のトレンドにうまく乗って、株式投資で大儲けするにはどうすればいいのでしょうか。

私は、株式投資アドバイザーとしてこれまで30年以上にわたって、10万人に及ぶ会員にアドバイスをしてきました。会員のほとんどは、少ない資金を大きく膨らませようとする株ビギナーばかりです。企業業績を詳しく分析したり、難しい指標をあれこれ駆使したりしているわけではありません。しかし会員の中には、少ない資金を1億円以上にまで増やした人が何人もいるのです。

このような経験を踏まえて断言できるのは、たとえ初心者であっても、どんなに資金が少なくても、株で大儲けすることは可能だということです。

私がこの本で紹介する投資手法はシンプルなものです。勢いのある銘柄を見つけたら、トレードに参加し、上昇の勢いがなくなる前にトレードから撤退するだけという簡単なものです。

本書では、少ない資金を大きく増やすことが可能なこのデイトレードの手法を中心に、ある程度資金が貯まってから行う中長期の投資手法、さらに投資に欠かせない基本的な知識なども紹介しています。

ぜひ、この株高トレンドに乗り遅れることなく、「億」を儲ける人を目指してください。

本書が、株で大きく儲けるためのお役に立てれば、これ以上の喜びはありません。

目次

第1章

株に開眼すれば知識ゼロ、資金ゼロでも大金持ちになれる

2年3カ月で30万を3億円にした億万長者トレーダー

第2章

ビッグウェーブを乗りこなせ！少額資金から始めるデイトレードの極意

大衆投資家の動きを読んで稼ぐ「波乗りトレード」

第3章

利益1％取りの100本ノックで波乗りトレードのコツを身に付けろ

デイトレードの基本と旬銘柄の選び方

第4章

絶えず変化する波を見極めることが、株上達の基本

株価の推移を表すチャートの読み方

第5章

3%の利食い、損切りを徹底することが儲けの鉄則

利益確定と損切りルール

第6章

1000万円貯めたら、中長期的に大化けする株ででっかく儲けろ

中長期投資の銘柄の選び方

巻末付録

超初心者でもすぐに使いこなせるオンライントレードの基本

口座開設から注文の出し方まで

ブックデザイン　小口翔平＋三森健太(tobufune)

第1章

株に開眼すれば
知識ゼロ、資金ゼロでも
大金持ちになれる

2年3カ月で30万を
3億円にした
億万長者トレーダー

30万円の元手を3300倍以上にした三村雄太さん

株で儲けて大金持ちになるというのは、決して夢物語ではありません。実際に、1000万円を8000万円くらいに増やした人はいくらでもいますし、億単位の資産を築いた人も何人もいます。

私が運営している投資顧問サービスの有料メンバーである三村雄太さんもその一人です。

三村さんは、今から約10年前、大学生のときに元手30万円から株取引を始めて、わずか2年3カ月で資産3億円という大きな金額にまで増やしました。

正確には、親からの借金と自分の貯金を合わせて70万円で始めたのが本当のスタートですが、そのときはまったくと言っていいほど儲かりませんでした。そして、30万円の元手を改めて用意して、彼にとっての本当の株式投資が始まりました。ここでは、30万円で仕切り直ししたときをスタート時点として紹介していきます。

三村さんが資産を増やしていく過程で行っていたのは、主に短期トレードです。基本的には1日、長くても2日の間には、買って売って取引を完了するという運用をしていました。

前述の通り、最初は元手が30万円と少なかったため、三村さんは私の投資顧問サービスが提供していた投資情報なども参考に、上がりそうな株を選んではとにかく短期売買を繰り返し、コツコツと利益を積み上げていきました。

ときには、2～7日の間で売買するスイングトレードや、ある程度資金が増えてからは中期的な運用で値上がりを待つこともしましたが、運用の中心はあくまで短期のトレードです。

後の章で詳しく説明しますが、億単位のお金を儲けたトレーダーはみな似たような運用をしています。上がる株を毎日追いかけ、1～5％程度の利益をその日のうちに確定するということを繰り返しながら、少しずつ利益を増やしていく短期トレードです。

また、三村さんの場合は、相場の状況によっては「空売り」、つまり信用取引を使って「売り」から入るトレードも併用していました。

とはいえ、「買い」から入るのが基本で、それも勢いに乗って上がっている株を買う

「順張り」と呼ばれる運用手法がメインです。

さて、30万円の元手を短期トレードの積み重ねによって3億円にまで増やした三村さんですが、その後3億円を10億円にする過程では、一度ドカーンと損を出してしまったこともありました。4億円近い損失が出て、せっかく増やした資産がいっときは5億円を割り込んでしまいました。

このように大きな損も出しましたが、それでも当時の彼の資産は億単位ですから、相場の勢いもうまく利用しながら、多額の資金を生かして株取引を続けました。そして、数年後には資産がついに10億円に到達。三村さんは、若くして大成功したトレーダーの一人となったのです。

30万円から短期間で資産を大きく増やせたことについて、三村さんは「相場がよかった」ことを理由の一つとして挙げています。もちろん、それもあります。株で大きく儲けようと思ったら、全体相場の動向は大いに影響するのです。

しかし、今ここで私が最も言いたいのはそのことではありません。単に相場がよかったという話ではなく、三村さんが資産を３３００倍以上にできたのは、三村さんがトレーダーとしての実力をつけたからだということです。

三村さんは、短期トレードを繰り返す中で研究を重ね、判断力や株式のセンス、相場環境を見極める力を磨き、運用の力をつけていったのです。資産10億円への到達が、それを証明しています。

10億円到達以降の三村さんは大きな失敗もなく、10億円という多額の資産を元手に現在も投資を続けています。彼は全体の相場に対しても個別の銘柄についても自分の意見をきちんと持っていて、しっかりした判断のできる人です。今後も着実に資産を増やしていくことでしょう。

一度は1500万円を300万円にまで減らしたCさんの大復活

もう一人、一度は資産を5分の1まで減らしてしまったものの、そこからまた大きく儲けたというCさんの話をしましょう。彼も、私の会社の有料メンバーで、メンバー歴は12年以上になります。

Cさんが株式投資を始めたのは1999年、ソフトバンクやヤフーなどの株価が大幅に上昇したＩＴバブル最盛期の頃です。Ｃさんは１５００万円の元手からスタートしましたが思うように儲けられず、それどころかたった1年で元手を３００万円にまで減らしてしまいました。

ぜひ覚えておいてほしいのですが、株で億単位を儲けているような人でも、たいていは始めて何カ月かすると一度は失敗して大きく資金を減らし、絶望した経験を持っています。前項の三村雄太さん然り、Ｃさん然り。これは株式投資をしている人が誰でも通る道と言ってよいでしょう。

まったく損をしたことがないという人はいないのです。しかし、そこで逃げ出したり諦めたりしてはいけません。もし方法が間違っていて失敗したのなら、その方法を改めればよいだけだからです。

Ｃさんも諦めることはしませんでした。大損を出して元手を大きく減らした後、あるきっかけで「株で儲けるために重要なのはタイミングだ」と気づき、これがＣさんにとっての大きな転機となりました。

「自分の判断で売買していた銘柄で大きく損切りして、しばらく何もしていない時期がありました。ちょうどその頃に、有料情報で推奨されていたある銘柄を買ったらとても儲

図表1　Cさん10億円への道

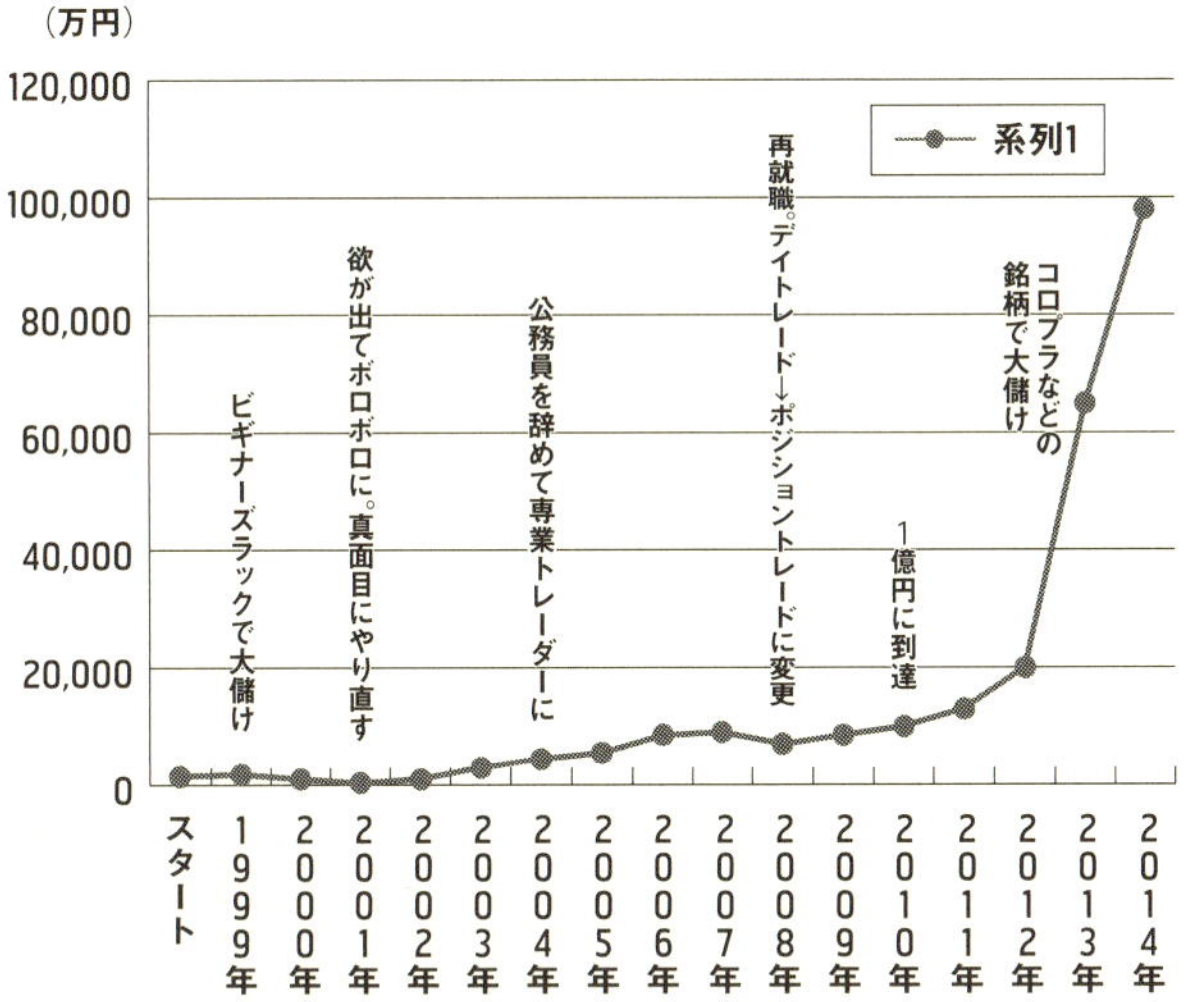

かったんです。そして、株式投資では銘柄選びだけでなくタイミングも重要だということに気付いたんです」（Cさん）

その後、彼はさらに自分で勉強を重ねます。Cさんは、私の会社からの情報や書籍でさまざまなテクニカル分析の方法を学び、それらを参考にしながら自分なりに売買タイミングを計る方法を編み出しました。

Cさんの運用手法は、一言で言うと「売られ過ぎたときに買って、元の位置まで戻ったら売る」というものです。「でも、テクニカルの指標を参考にこの方法で取引しても、最初の頃は自分で決めたルールが守れなくて、何度も損切りを繰り返しました」（Cさん）

その結果、「早く買わないと儲け損ねる」という「焦り」や「不安」が自分の運用効率を下げていると分かりました。そこで、不安や焦りにつながる情報はあえて見ないようにして、また損切りルールの厳守も徹底するようになります。それらが功を奏し、そこからは爆発的に資金が増えていきました。

株式投資を始めてから15年経ったCさんの、現在の資産は10億円弱です。資産残高を細かくチェックすると気になって売買に支障を来すため、3000万円を超えた頃からはCさんはあえて残高をあまり確認しないようにしています。

この本では、Cさんの運用手法である専門的なテクニカル分析は取り上げていません。初心者にとっては少々難しいことと、複雑なテクニカル分析を使わなくても十分に儲けを積み上げられる方法を紹介しているためです。

もちろん、テクニカル分析の基本であるチャートは株取引に欠かせないツールですから、チャートの見方やチャートから上がる株を見つける方法は第4章で詳しく説明しています。ぜひ目を通してください。

儲かる投資家は、特別な存在ではない

株で大儲けして「億」単位の資産を持っているというと、自分とは違う、何か特別な人ではないかと感じる人がいるようです。「そこまでは無理だから、ちょっと儲かればいい」と最初から諦めてしまう人もいます。

しかし、儲かっている人の出発点は、ほとんどが普通の会社員です。ある時点で会社をやめて専業トレーダーになった人も多くいますが、それは株取引、中でもデイトレードを

やってみて自分に向いている、儲けられるという確信を得てからの話です。

また、株で大儲けする人は、最初から多額の資金を持っていると思っている人もよくいますが、それも誤解です。私の知る限り、いわゆる大金持ちはそれほど株で大きく儲けることはないようです。最初から資金があるのでハングリー精神に欠ける部分があるのかもしれませんし、大きく儲ける必要はなく数％の利益を安定的に出せばそれで足りるという考え方なのかもしれません。

大儲けしている人の多くは、最初は数十万～300万円程度の資金からスタートしています。決して、1000万、2000万円からのスタートではありません。少ないところからコツコツと儲けを増やして、資金が1000万円程度まで到達すると、そこから1億円に増やしていくのは元手が大きいためそう難しいことではありません。

また、「億」を稼ぐトレーダーだからといって、学校の勉強がものすごくできたとか、学歴が突出しているという話もあまり聞きません。逆に、頭でっかちのトレーダーは、体験を重ねて覚えていくことを軽んじてしまい、特にデイトレードではあまり大きな成果を出せないことのほうが多いようです。それより、基本を守ってコツコツと続ける根性があり、物事を前向きに考えることができ、スポーツに取り組むように感覚でトレードができるといったことのほうが、株で儲けるには重要なことなのです。

ですから、あなたが普通の会社員や主婦で、多額の元手があるわけではなく、人より頭の回転が速いというほどではなくても、何ら問題はありません。前向きな性格でコツコツやり続ける力があるのならば、もちろん向き不向きはありますが「大儲けできるトレーダー」になれる可能性は十分にあるのです。

株で儲けている人には三つの共通点がある

私の会社の会員をはじめ、株で大儲けしている人には共通点があると、私は常々実感しています。運用手法は人によってそれぞれ違っていても、次に挙げる三つのポイントが共通しているのです。

①予想が明確である
②自分の意見がある

③大衆の流れを見ている

一つずつ、詳しく説明していきましょう。

①予想が明確である

株で儲けている人とそうでない人の違い、それは「予想の明確さ」にあります。これは、予想がいつも当たるという意味ではありません。当然、予想は外れることがあります。それでも、儲ける人は、自分が狙う株が、材料（株価を動かすニュースの有無）や企業業績などさまざまなものから、明確に上がることと予想し、さらにどの程度の株価になるのかまで見えています。

予想通りに動けばそれでよし、もし予想に反する動きをした場合はぐずぐずしないで売却して損切りというメリハリのある運用をします。

では、どうやって予想するのか。株価の位置であったり、材料や人気の強さであったり、予想の根拠となる要素は銘柄ごとにさまざまです。

各ポイントを選択することで何通りもの予想が可能ですが、儲けられる人は自身の頭の中で、トータルでよい株、狙える株を選出する力があるのです。

②自分の意見がある

儲けている人に共通する二つ目のポイントは、自分の意見をしっかり持ち、他人には頼らないということです。

逆に、儲からない人は「自分に自信がない」。そして、常に何かに頼っています。

例えば、買った株が下がったら「きっと上がるだろう」と根拠のない希望に頼ったり、「○○氏が上がると言ったんだから上がるはず」だと他人に判断をゆだねて含み損の出ている株を持ち続けたりします。

儲ける人は、他人の意見がどうあれ自分の意見を持っています。株式セミナーなどでも、言われたことをそのまま信じて鵜呑みにするのでなく、意見としていろいろ聞いてノートにつけています。セミナー後の質問でも、今後の自分の株取引にプラスになるようなことを質問してきます。

株取引では、どの株を買うのか買った株をいつ売るのか、最終的な判断をするのは常に自分です。もし他人の意見に惑わされて、最終判断に迷いがあるなら買わないことです。

買うもしくは売る、という判断に迷いがあってはダメ。自分の判断に自信がなくて、いつも他力本願なのに儲けている、という人は見たことがありません。

③大衆の流れを見ている

儲けている人は、株そのものだけでなく株取引をする大勢の人たちの動きも注意深く観察しています。

他の個人投資家、生命保険や年金基金などの機関投資家、証券会社、投信運用会社、外国人投資家などがどこで買いに出るのか、あるいはどの段階まで来ると皆が手仕舞いするのかを見ています。そして、こうした人の動きや人の流れを冷静にとらえて、後れを取ることなく動いているのです。

株は、最も下がったときに買って最高値を付けたときに売れば一番儲かりますが、現実的にはいつが最も安くていつが天井（最高値）なのかを完璧に予想して取引することはまず無理です。株の世界では「頭と尻尾はくれてやれ」という格言がよく使われます。

どのくらい難しいかというと、「大きな相場を天井で売ることができるのは人生で2度だけ」と言われているほどです。

したがって、欲張り過ぎるのは間違い。株価がピークを付ける前に利益を確定すればそれで十分。売った後に多少上がるような展開が理想的です。逆に、売り損ないは最もよくありません。

大衆は、多くの人が動き出してから買いや売りの行動に出ます。儲けている人は、「この株はどの位置で買いが増えるのか」「この位置より上がったら危険だから買わない」ということを大衆の動きから判断し、いち早く行動できているのです。

もちろん、株を始めた当初から三つの特徴を持っている——つまり、予想が明確で、自分の意見がしっかりあって、大衆の流れを見ることができる人はいないでしょう。今、大きく儲けられている人は、運用を重ねる中で自分で学習したり気付いたりして、いつの間にか「このパターンなら儲けられる」という銘柄や運用を自動選択できるようになっているのです。

東京五輪までは株高が国策、日経平均は3万5000円を目指す

2015年1月末の時点で、日経平均株価は1万7674円でした。その日経平均ですが、東京オリンピックが開催される2020年までには3万5000円になると私は予想しています。

また、1月下旬に117〜118円近辺で推移しているドル/円の為替レートは、同じく2020年までに140〜150円が見えてくると考えています。決して、大げさなことを言っているつもりはありません。

背景には、米国経済の復活による米国株高、米国の金融緩和の縮小と利上げによるドル高円安などがあります。また、アベノミクスでは「株高＝国策」と言っていいほど、株高狙いの政策を展開していて、それはこれからも継続が予想されるからです。

為替に関しては、そもそも米国の利上げによりドル高傾向が続きますし、東京オリンピックの開催が決定して、外国人旅行者を呼び込もうという状況で、日本が円高政策を取

ることもあり得ないでしょう。少なくとも、これからオリンピックまでは円安が容認されるはずです。そして、円安の継続は株式市場にとってはプラスに働きます。もちろん、円高でメリットを受ける企業もありますが、全体的には円安のほうが上場企業にはメリットがあります。

このような話をすると、必ず弱気論者からの反論があります。地政学的なリスクや日本の莫大な借金による財政問題、アベノミクスの失速懸念。さらには、米国経済の破綻から世界恐慌が起きるといった話まで出てきます。

しかし、波乱はあっても1929年のような世界恐慌は起こらないでしょう。当時と今ではマネーマーケットの規模がまったく違います。しかも、今は投資マネーの半分以上が信用取引や先物などのヘッジ取引による現物以外の資金で構成されていますから、昔の経済理論で今の市場について語ることはできないのです。

確かに最近でも、2008年にはリーマン・ショックを契機に世界的に株が暴落する事態が起きました。あのとき、日経平均は一時6994円まで下がり、「もうおしまいだ」という弱気論者も多くいましたが、あれから6年で株価は倍増以上を達成しています。

もちろん、安定して上げ続ける相場などありません。中東情勢やギリシャなどのユーロ圏の財政問題、中国の景気減速など、これからも地政学的なリスクや世界経済の波乱によって、株価が乱高下する局面は必ずあるでしょう。しかし、大きな流れで見ればそれでも相場全体は浮上してくると私は考えています。日本については、2020年までは確実にそうなるはずです。

日経平均が倍増するのですから、日本株はバブル経済以来の大きな投資チャンスになるでしょう。ここで儲けなければいつ儲ける、そんな時代が今まさに来ているのです。

デイトレなら「億」トレーダー、長期でも倍増以上が狙える相場が来ている

東京オリンピックまでに日経平均がほぼ倍増するということは、大雑把に言えば「まともな株」の株価はすべて倍増するということです。中には、3～4倍になる株もあるでしょうし、突出した材料を持つ銘柄などでは5倍から10倍超まで上昇することも可能性があると考えます。

相場全体がこれほど大きく上がる局面は、そう滅多にはありません。人生で2～3回あ

るかないかでしょう。株で儲けたいと考えている人にとっては、決して逃してはいけない大チャンスの到来です。

この相場で、デイトレードを繰り返して利益を積み重ねていけば、数年で「億」の資産を持つトレーダーになることも夢ではありません。実際、これまでも勢いのある銘柄を短期で売買して、資金を大きく増やした人はいくらでもいます。ましてや、これからは相場全体が倍増するわけですから、その中で短期的に上昇する銘柄への投資を繰り返していくデイトレードは、これまで以上に大きな儲けが期待できるはずです。

もし、デイトレードができる環境にいるのならまずは試してみて、うまくできそうなら専業トレーダーになるのが、「億」トレーダー実現への第一歩となります。

一方、時間の都合などで短期トレードはどうしても無理という人は、中期・長期のトレードをするしかありませんが、中長期でもここからの数年で「倍増」以上は十分に狙えます。日経平均を構成している225銘柄のうち9割がたは上がると考えられますから、業績が上向きな優良銘柄を買えば、たいていは儲けが出るはずです。

ただし、例えば残りの1割の銘柄を持ち続けてしまったら、せっかくの儲けの機会を逃してしまいます。1980年代後半から始まった前回のバブル景気の際も、多くの銘柄が上昇したにもかかわらず、損をしてしまったという人が少なからずいました。

どんなにいい相場でも上がらない銘柄はあるのです。一定期間保有しても上がらない場合は、上がらない保有株に固執することなく、自分の選び間違いを認識して早めに損切りに踏み切ることが重要です。とはいえ、難しく考え過ぎることはありません。中長期の人は、日経225の構成銘柄のうち、業績のよい優良株から始めてみてください。

短期トレードでも長期トレードでも、東京オリンピックまでにしっかり儲けを増やす気持ちで、臨んでください。

トレード資金が少なくても、今すぐに始めたほうがいい理由

株取引というと、多額の資金が必要と思っている人もいるかもしれませんが、それは大きな間違いです。実際には「0円」で買える株というのはありませんが、1万円以下で1単元を買える銘柄ならいくつもあります。

もちろん、株を買うときには銘柄をよく吟味する必要がありますから、安い銘柄を買え

ばいいという話ではありません。また、資金はたくさんあればあるほど大きな取引が可能になりますから、株式投資のための資金は多いに越したことはありません。しかし、資金が少なくても株取引を始めることは十分に可能です。

ただし、この項目で皆さんによく理解してほしいことは、「1万円以下で買える銘柄もある」といった話ではないのです。では、何が言いたいか。それは、手持ちの資金が少ないとしても投資を始めるなら今が大チャンスだ、ということです。

まずは徹底的にお金を貯めてから、一気に株式投資に投入したいと考える人もいるでしょう。確かにそういう方法もあるかもしれません。

しかし、日本株の相場が10年後、20年後にどのようになっているかを予想するのは、専門家であっても非常に難しいことです。

現在、日本のGDPは米国、中国に次いで世界第3位ですが、もしかしたら20年後には13位くらいになっているかもしれません。

そうなったときにも、世界の投資家から日本株が買われるのかどうか。出生率が低下し続け、今よりもさらに超高齢社会になったときに、日本企業はどうなっているのか……というように考えていくと、ほとんど増えない預貯金や辛い節約をして資金を増やしてから株式投資を始めるというのでは、遅きに失してしまう可能性が高いのです。

前述した通り、少なくともこれから5年間、東京オリンピックが開催されるまでは株高が続くはずです。20万~30万円程度の資金から株取引をスタートさせても、やり方次第で数百万、1000万円まで到達させることは決して不可能ではありません。

始めるなら、今なのです。

短期・中期・長期、少額資金から大きく増やしたいなら短期トレードを選ぶ

株を取引する際の投資期間は、大きく「短期」「中期」「長期」の三つに分けられます。短期、中期、長期の明確な決まりはありません。

例えば、「中期が1~2年、2年以上が長期」というところもあれば、「長期は5年以上」としているところもあります。各証券会社や経済研究所、アナリストなどによって、言い方はばらばらというのが実情です。

私は、基本的には次のように投資期間を分けています。短期と中期については、さらに

細かく分けてとらえています。

●短期トレード

・デイトレード　1日限度

・スイングトレード　1日以上7日未満

・ポジショントレード　1週間以上〜数カ月程度

●中期トレード

・中期トレード　3カ月〜6カ月

・中長期トレード　6カ月〜1年

●長期トレード　1年以上

誤解している人も少なくないようですが、投資期間の違いは、単に売却（信用取引の売建の場合は買い戻し）までの長さの違いではありません。短期で狙う株と長期で儲けようという場合では、運用方針がそもそも異なります。

短期の場合は、株価の動き（値動き）を利用して短い期間で利益を狙います。そして、売却したらすぐにまた次の銘柄を探すというやり方です。

そのため、企業の業績がどうか、長い目で見た場合の株価の位置がどのあたりかといったことよりは、値動きのよさ、直近の株価の変化、話題性などを重視します。

一方、長期狙いの株であれば、業績や企業価値、株価の位置を見ながら、長期的な値上がり期待が持てる銘柄を慎重に選ぶ必要があります。

実際の相場の動きによっては、当初考えていた投資期間を変更する、もしくは変更せざるを得ないこともあります。

例えば、長期トレードを考えていても数カ月で暴騰した場合には一度利益を確定したほうがよいこともあります。また、短期で売却するはずが失敗してしまい、株価が戻るのを待ってずるずると中期トレードに移行する、というケースを経験した個人投資家は数多くいるはずです。

しかし、再度強調しますが、短期トレードと長期トレードでは銘柄選択の考え方が根本的に違うため、原則としては短期で狙った株を長期に変更することはお勧めできません。

適切な投資期間は、投資資金の額によっても変わってきます。

具体的には、短期トレードは資金が少ない人向きで、長期トレードは投資資金が潤沢にある人に向いています。

また、時間的に短期トレードが難しい人は、中期か長期を選ぶしかありませんし、短期でまったく実績が出ない人も中期・長期のトレードを選ぶことになります。

資金が少なく、数年で何倍にも拡大させたいと考える人は、まず短期トレードを検討するべきです。その理由は、短期運用を繰り返して利益を積み重ねていけば、少資金からでも数年で資産を大きく拡大することが可能だからにほかなりません。

初心者向けの株式セミナーでは、「長期トレードで数年かけて株価の値上がりを狙う」のが投資の王道だと教えている場合もありますが、それは資金力のある人の運用方法です。株式投資では、投資資金が増えれば増えるほど、得られる利益も大きくなっていきます。

そこで、まず短期あるいは中期で大きく儲けて、その資金を長期で数年間保有する株に投入する。あるいは、ある程度資金を増やしたら、必要に応じて短期と長期を併用する。これが投資期間ごとの運用法の最良な組み合わせだと私は確信しています。

短期トレード・中期トレード・長期トレード、その違いをよく理解することで、効率的に儲かる運用をすることが可能になるのです。

第2章

ビッグウェーブを乗りこなせ!
少額資金から始める
デイトレードの極意

大衆投資家の
動きを読んで稼ぐ
「波乗りトレード」

資金を100倍に増やせる「波乗りトレード」とは何か

少ない資金から「億」単位の資産を作るためのトレード手法として、私が勧めるのは「波乗りトレード」です。名前の通り、サーフィンをするような感覚の株取引です。

サーファーは、よい波が来るまではボードを抱えて海の上に浮かんでいます。よい波が来たと見ればすかさずその波に乗り、波の勢いがあるうちはサーフィンを楽しみます。そして、波が消える前に素早くボードから降りてしまいます。

波乗りトレードも同様です。勢いのある銘柄を見つけたら、トレードに参加します。そして、上昇の勢いがなくなる前にトレードから撤退するだけです。

業績や材料をじっくりと検討してから取引するというよりは、銘柄の魅力と人気度、そして何より値動きのよさだけを重視して、株価の上昇の波に乗っていきます。波に乗っているときには、どこまで行くのか、これからどうなるのかといった余計なことを考えません。もしも、何度も繰り返す波であれば、何度でも乗るだけです。ただし、波が消えかかったら、ぐずぐずせずに波から降りるのが鉄則です。

そこに理屈はありません。波乗りトレードは、頭で考えるというより感覚を重視したトレード手法なのです。もちろん、株価を押し上げるために業績や材料は重要ですが、そのこと自体ではなく業績や材料をきっかけに起きる「波」、つまり大きなうねりのような株価上昇の勢いを最も重視しています。

その波を作り出すのは、多くのトレーダーの「共通意識」です。全国の見知らぬトレーダー同士が、打ち合わせをしているわけでもないのに「よし、あの株に乗ろうよ！」という気持ちになり、ある株をターゲットにしていくのです。

しかし、いい波がいつまで続くのかは、誰にも分かりません。勢いが途中で終わってしまう株もあれば、勢いが続いてさらに上がっていく株もあります。

波が大きいと見て乗っても、それほどでもないこともあります。そのときの波の大きさは乗ってみて感じるもの。理詰めでは説明できない、まさに感覚勝負のトレードです。

波はいずれ消えるものですから、波乗りトレードは基本的にはデイトレードです。ただし、大きな波であれば、2日、3日程度続くこともあります。また、日に何度か波が来るならそのたびに乗ることもあります。

新興市場株では、急上昇することもある代わりに、上昇分をすべて帳消しにするほど急落することもよくあります。しかし、上昇するときだけの波乗りトレードならリスクは限定的ですから、効率的な運用が可能です。波乗りトレードのメリットの一つです。

さて、波乗りトレードで最も重要な、波を見極めて適切な買いタイミングをつかむという判断は、日々のトレードの中で鍛錬を積むことになります。回数を積み重ねていくうちに、トレードのコツがつかめるようになるはずです。

波乗りトレードのコツをつかんで、うまくトレードできるようになれば、30万円の資金を100倍の3000万円にすることも十分に可能です。億単位の資産を作ることもまったく夢ではありません。

波乗りトレードの具体的な例を挙げると、SNSやゲーム事業を展開するミクシィ（2121）があります。ミクシィは2014年の2月5日の終値《おわりね》は4615円（分割調整後923円）でした。しかし、翌日には11％も値上がりして、終値は5140円に。そこから、多少上下はあったものの株価は勢いよく上がり続けて、約4カ月半後の6月20日には1万9030円（分割調整後3806円）をつけました。株価はなんと4倍になったのです。

急激に値上がりしたことで、6月25日には1株を5株にする株式分割が行われました。さらにその後も株価は上昇し続けて、11月6日には年初来高値となる6970円をつけました。分割を考慮しましたが2月5日の株価は923円（調整後終値）ですから、11月6日の株価はその7・5倍にもなっています。その上、1：5の分割もしていますから、2月の時点で1単元買ってそれを保有し続けていたら、実際にはもっと資金が増えています。

とはいえ、上げ下げの激しい新興市場株を数カ月間も持ち続けるのは難しい。すでに述べた通り、保有し続けるリスクが高過ぎるためです。

そこで、株価が上がるとき、つまり波が来たときに、その波に乗るというトレードを何十回も繰り返して利益を積み重ねて、資金を増やしていくのがよい方法なのです。ミクシィのような銘柄こそ、波乗りトレードに向いています。

波乗りトレードに適した銘柄の見分け方

すべての銘柄が、波乗りトレードに適しているわけではありません。波乗りトレードで利益を得るには、まず「波乗り」に適した銘柄、つまり「波が来ている銘柄」を見極めることが重要です。一般的な投資セミナーや初心者向けの書籍では、「安定して業績が伸びている優良銘柄」を投資対象として勧めますが、ここではもっと「動き」や「変化」に注目して銘柄を選んでいきます。

具体的には、まず次の5項目のいずれか、あるいは複数を満たす銘柄に注目します。

①前日に大きく上昇した銘柄のうち、本日も上がりそうな銘柄
②前日に多くの有力デイトレーダーが、ブログやツイッターなどで取り上げている銘柄
③前日に株価に影響がありそうな何らかの材料を出した銘柄
④前日の業績発表が、株価に影響を及ぼしそうな銘柄
⑤証券会社の格付け発表があり、株価に影響を及ぼしそうな銘柄

私の投資顧問会社では、こうした銘柄を自動的にピックアップする仕組みを作り、そこで挙がってきた銘柄からその日の波乗りトレードに向いた銘柄を選択していきます。

この中で、②の有力なトレーダーがブログなどで取り上げている銘柄というのは、少々

異質な気がするかもしれません。しかし、特に新興市場の銘柄などでは、多くの人が注目していて、「手がけたい」「これは上がる」と思っている銘柄が上がることが実際によくあるので、デイトレーダーがブログやツイッター、フェイスブックなどでよく名前を挙げる銘柄をチェックしておくことは有用です。

さて、五つの項目のいずれかに当てはまっていたら、次に株価チャートを見て株価の位置と出来高を確認。あまりに高値圏にあるものは避けて、出来高が増えているものを絞り込みます。最終的に最も波が来そうな銘柄を選んで（ここまで前日にやっておく）、当日の朝、買い注文を出しましょう。

初めの頃は、5項目に当てはまる銘柄を探すのも、最終的に波乗りトレードをする銘柄を決め込むのも、なかなか大変かもしれません。でも、経験を積んでくると、だんだんスピーディーに行えるようになり、買った銘柄が狙い通り上昇する確率が増えるようになるはずです。

新興市場の「旬」銘柄は波乗りトレードと相性バツグン

新興市場銘柄の扱いは、実はそれほど難しいものではありません。多くのトレーダーが狙ってくる人気株を、一緒になって買うだけのシンプルな手法です。まさに、人気の波に乗って儲けるわけで、「波乗りトレード」そのものです。

となれば、最も大切なのは、今人気がある銘柄なのかどうか、言い換えれば「旬」なのかどうかということ。居酒屋で「旬」と書いてある料理があれば、多くの客がその料理を注文するでしょう。株取引でも同じです。どこにも「旬」とは書いてはありませんが、「旬」だと感じた銘柄があれば、たくさんのトレーダーが買い注文を出すのです。

「旬」銘柄の売買では、中長期投資で重視される指標を分析するテクニカルや業績内容を見極めるファンダメンタルズなどにこだわり過ぎたりすると、逆にうまく儲けられない場合もあります。難しく考えず、どの程度の人気なのか、どこまで人気が続くのか、意識をそこに集中させます。

では、どんな銘柄が「旬」になりやすいのでしょうか。明確な基準はありませんが、

①上がりそうな材料が出ている
②人気化している銘柄と同じジャンルに属している
③値動きがよく、上がり続けている
④かつて人気があり、人気再燃が期待できる
⑤「定番人気株」と言われている

などの条件が挙げられます。

②の「人気化している銘柄と同じジャンル」というのは、例えばAというスマホゲームの会社が「旬」銘柄になっていたら、同じようにスマホゲームを扱うBという会社もいずれ「旬」になる可能性が高いということです。主に新興市場株で儲けているトレーダーは、いつも「旬」銘柄を探していますから、すでに「旬」になった銘柄と同じジャンルの新興市場銘柄は目を付けられやすいのです。

もちろん、これらの条件に当てはまっていても、すべてが必ず「旬」銘柄になるわけで

はありません。しかし、こうした銘柄は何かのきっかけで「旬」を迎えやすいのです。先々、「旬」になる可能性を感じる新興市場銘柄を見つけたら、しっかりマークして、観察を続けるようにしてください。

新興市場の株価は「理屈」でなく「需給」で上がる

株の取引で最も重視すべきことは、そのときどきの相場環境と需給です。もちろん、業績の好調や好転、何らかの材料の発表、「売られ過ぎ・買われ過ぎ」といったテクニカル面も重要ですが、それ以上に相場環境と需給がモノをいいます。

相場環境に関しては、理解しやすいと思います。業績がよく、株価を刺激する大きなニュースが出た銘柄であっても、日本株全体あるいは世界的に株価が急落するような場面では、相場環境がいいときに比べると株価はそれほど上がらないということです。

では、需給についてはどうでしょうか。初心者にとっては、あまりピンと来ないかもしれません。需給とは文字通り需要と供給のことで、株式市場では買いたい人と売りたい人のバランスを指します。要するに、株を売りたい人より買いたい人が大きく上回っていれば株価がどんどん上がるし、逆であれば下がるということです。

株が買われる直接の理由は、好業績や材料、指標面で割安といったことかもしれませんが、実はそれ以上に「みんなが買っているから買いたい、今上がっているからそこに乗りたい」という需給の部分が、株価の上昇に大きな影響を及ぼしているのです。

例えば、ある新興市場株の業績が赤字から黒字に転換して、新しい提携先が見つかるというよい材料も出た、となれば注目度が急激に高まり、株価は大きく上昇するでしょう。2倍、3倍程度まで上がることもあるかもしれません。

しかし、株価が大きく上がって最初に買った人たちが十分に利益を得て参加者が減ってくると、需給が崩れて買いたい人より売りたい人が増えてきます。すると、株価はみるみる下がり始めます。

こうなると、好業績も好材料ももはや関係ありません。新興市場銘柄の場合は、2倍、3倍まで上がったものが、今度は逆に2分の1、3分の1まで急落してしまうこともしばしばあります。

需給の悪化で株価が下がるのは、新興市場銘柄だけでなく東証一部の銘柄も同様です。

しかし、東証一部銘柄は常に多くの人が注目していて、多額の資金が押し目（＝一時的に下がること）を狙っています。売られ過ぎと見れば、外国人の買いなども期待できるでしょう。そのため、2、3カ月は調整期間があるとしても、再度上げてくる可能性が低くないのです。

一方、新興市場はひとたび人気がなくなると、そもそも短期狙いの人が多いため下値で買っておこうという人も少なく、買いがまったく入らず閑散とする状況が半年から1年以上続くこともあります。

つまり新興市場株では、需給こそが重要なのです。まず全体相場の状況があり、次に需給、その上で業績や材料、テクニカルといった「上がる理屈」付けの部分があります。間違っても、業績がよいから上げ続けるとか、材料がいいから上げ続けると考えてはいけません。

新興市場銘柄は、多くのトレーダーが買いたいと思っている需給のよいときに、一緒になって買って、早めに売却することが何より大切です。万が一売り損なって含み損が発生したときには、「戻るまで待つ」ではなくとにかく損失を拡大させないことに集中して、すぐに損切りを実行してください。

2014年に「相場になった」銘柄には、今後の大化け銘柄のヒントがある

新興市場で人気のある「旬」銘柄は波乗りトレードに向いていて、大儲けのチャンスがあると説明しました。

具体的にどんな銘柄が「旬」になって大化けしたのか。2014年に株価が大幅に上昇した「旬」銘柄の中から、具体例をいくつか挙げます。

一度人気化した銘柄が、時間をおいて再び「旬」銘柄としてクローズアップされることもあります。そのため、ここに掲載した銘柄が2015年に再び「旬」銘柄になる可能性もないとは言えません。

ただここでは、挙げた銘柄が再び旬になるかどうかよりは、それぞれの銘柄が、

・どういう理由や材料で大きく上昇したのか
・どのくらいの期間で、どの程度上昇したのか

についてよく確認してほしいと思います。

まず、「旬」になる銘柄には、何らかの理由や材料があります。ここ何年かで目立っているのは、スマホゲームが大ヒットして、業績が大幅に拡大するというケースです。ここで挙げた中では、「モンスターストライク（モンスト）」が大ヒットしたミクシィや「パズル&ドラゴンズ（パズドラ）」のガンホー・オンライン・エンターテイメントがこれに当たります。

ゲーム以外でも、スマホに関わる銘柄は人々の関心が高く、多くの利用者が見込まれるため、「旬」になった銘柄が多くあります。例えば、激安スマホの日本通信やスマホを社内電話として使う画期的なシステムを開発したサイバーコムなどです。

また、2014年にはエボラ出血熱が大きな話題となり、興研をはじめ、エボラ出血熱の感染防止に役立つ商品や技術を持っている富士フイルムホールディングスや日本エアーテックといった銘柄が「旬」となって株価が急上昇しました。しかし、エボラ出血熱が理由で相場になった銘柄は、エボラ出血熱の報道が落ち着くと同時に「旬」が終わり、取引する人は急激に少なくなりました。

そこで、もう一つのポイント「どのくらいの期間」相場になったか、というところにも注目する必要が出てきます。長いものでは3～4カ月の間、株価が上がり続けましたが、前述の興研やサイバーコムはひと月足らずで株価が下落に転じています。つまり、「旬」銘柄は、あくまで旬のうちに取引を手仕舞うことが重要です。

２０１５年も、スマホやスマホゲーム関連の銘柄は、引き続き何らかのきっかけで人気化する可能性があると考えられます。

また、村上春樹氏のノーベル文学賞の受賞期待で上昇した文教堂グループホールディングスは、２０１５年も村上氏の受賞が取り沙汰されれば、再び「旬」になって上昇するかもしれません。

もちろん、業績の好転や拡大が人気化のきっかけになる場合もありますし、別項で詳しく取り上げているように、証券会社のレーティングや特定資金の流入で急上昇する銘柄もあるでしょう。

いずれにしろ、「旬」になって株価が大きく上昇する銘柄は２０１５年も数多く登場するはずです。上がり始めのタイミングを見逃さないように、常にアンテナを張っておくことが重要です。

なお、新興市場の銘柄では、株式分割が行われることが頻繁にあります。1株が2株、

上げ幅	理由など
5962円	業績拡大と「モンスターストライク」の大ヒットにより、さらに先高期待が強くなり盛り上がった
1217円	業績の拡大に加えて、野村證券と三菱UFJによる高い株価目標設定もあり、人気相場に突入した
1487円	個人ジム「RIZAP」が人気となり、売り上げも伸び、知名度が上がり評価された
275円	スマホゲーム人気で相場になる。「パズル&ドラゴンズ」が北米で大ヒットとなり株価を刺激
9100円	IPO人気。セキュリティーソフトを手がける。業績好調で買いが買いを呼んだ
2万1230円	FFRI人気がこちらに向かった感じ。社長がサイバーエージェント出身である点も評価された
1790円	防災・耐震関連解析コンサルティングが話題となる。短期で人気となり、買いが集中
6059円	スマホ関連、半導体の検査器具を手がける。商い増加で人気の中心になった
1265円	防毒マスクを製造販売。エボラ出血熱関連銘柄として、重松製作所、エアーテックなどと共に急騰
962円	イオンの激安スマホは同社と共同開発。SIMロック解除など話題性から株価は3倍に
1270円	業績の飛躍から一気に人気となり、iPhoneの販売が好調で業績上向き、評価される
255円	ノーベル文学賞に村上春樹氏受賞との思惑から大いに盛り上がり倍増相場となる

※上げ幅は分割修正後の株価で計算

図表2　2014年に相場になった銘柄の例

銘柄名	コード	値動き	
		スタート	上昇時
ミクシィ	2121	1008円（5/7）	6970円（11/6）
メッセージ	2400	2993円（5/12）	4210円（8/7）
健康コーポレーション	2928	460円（5/21）	1947円（9/1）
ガンホー・オンライン・エンターテイメント	3765	495円（5/19）	770円（6/10）
FFRI	3692	3990円（10/1）	1万3090円（10/14）
オプティム	3694	1万3120円（10/23）	3万4350円（11/7）
構造計画研究所	4748	1300円（9/16）	3090円（9/24）
日本マイクロニクス	6871	2861円（5/12）	8920円（7/3）
興研	7963	1388円（9/5）	2653円（10/16）
日本通信	9424	306円（4/11）	1268円（7/7）
日本テレホン	9425	1220円（5/15）	2490円（6/13）
文教堂グループホールディングス	9978	197円（9/29）	452円（10/9）

1株が5株など分割されれば株価も半分や5分の1になります。図表2の数字は分割後の株価に合わせて調整した株価になっているので、他のデータと突き合わせたときに間違えたり混乱したりしないよう注意してください。

「特定資金」で大化けする株は売り抜けることが何より重要

大きく買われるような材料があるわけでもなく、明確な理由が見当たらないのに、急激にあるいは継続的に上昇して大化けするという株が、年に何本かあります。実はこうした株には、機関投資家や仕手筋といったところからの大量買いが入っている場合がありま す。「仕手筋」とは、株価を吊り上げることを目的に特定の銘柄に大量の「買い」を入れてくる投資家集団のことです。

こうした特定資金による株価上昇の場合、例えば200円の株が短期間で1000円を突破するというように、株価が数倍になる可能性もあります。

引き際さえ間違えなければ、特定資金で大化けする株も十分波乗りトレードの対象になります。

特定資金が入った株で波乗りトレードする際は、分かりやすい材料があって相場になっているときとは、少々違う気持ちで付き合う必要があります。

まず、特定資金がどこまでの大化けを狙っているのかは分かりません。大きな資金が入って商いが増加していく中で、特定筋はさっさと売り抜けている場合もあります。そうなると、相場はあっという間に終わってしまい、株価は下落してもともとその株が持っている実力に見合う位置に戻ります。大化けするまで上げ続けると思って、目標を高く持ってしまうと、売り損なって大損をしてしまいます。

そこで、特定資金が入った株は、厳格なルールを決めて取引をすることが重要です。次の8項目は、特定資金が入った株を扱う場合のルールです。

ルール① 「買い場は安値」と決めて、上昇してからの買い増しは厳禁
ルール② 最初の上昇（第一上昇波動）だけの利用に限定
ルール③ 20％程度上昇したら欲張らずに利益確定
ルール④ 波乱の展開になったときには、迷わず売却

ルール⑤　「信用規制」がかかるまでは保有しても構わない
ルール⑥　「空売り規制」がかかったら持ち続けずに売却
ルール⑦　売り損ないを避けるために、大きな目標は立てない
ルール⑧　高値を付けた後、下げたら取引しない

ルール⑤の「信用規制」とは、信用取引の利用が急増した際に出される措置で、この規制が出たら取引が過熱しているということですから、ここから長く持つことは危険です。
「空売り規制」は、空売りによって意図的に株価を下落させようとする動きを規制するものです。規制が入るということは、それだけ空売りが多いということで下落に勢いがつく可能性がありますから、早めに売ってしまったほうがよいということです。

要するに、特定資金が入って上昇している株は、最初の上昇の段階でだけ買い、ある程度利益を得たらそれ以上は欲張らないということです。間違っても、高値で買い増ししてはいけません。また、特定資金の規模や狙いが分からない以上、あまり長く持つことも得策ではありません。ほどほどに儲けたら、早めに手を引きましょう。

もちろん、これらのルールはあくまでも全体的な目安です。特定資金の強さや銘柄ごと

の値動きの習性、さらには特定筋の狙いなどによって、細かい部分については、その都度、変わってくることを理解しておいてください。

ある程度利益を確保した後、まだ値上がりを続けていて、どうしてももう少し取引したいという場合は、投入資金を大幅に減らして、あくまでマネーゲームと割り切って運用するくらいに留めておくことです。

証券会社のレーティングを利用して値上がりを狙うには

レーティングあるいは格付けとは、証券会社のアナリストによる個別の銘柄についての投資判断のことです。その株が「買い」なのか「売り」なのか、「強気」なのか「弱気」なのか、また数カ月先の目標株価はいくらなのかなどを、理由と共にレポート形式で発表しています。このレーティングは、すべての銘柄に対して行われているわけではなく、主力あるいは注目の銘柄が中心となっています。

このレーティングの発表を活用した波乗りトレード法があります。簡単に言うと、現状の株価の位置より高いレーティングが付くと、それを材料として実際の株価も大きく上昇することがあるため、その上昇に乗っかろうという戦略です。

以前は、格付け時に数カ月先の目標株価が発表されると、翌日から株価が急騰することがよくありました。その結果、1年先の目標株価に数日で到達して、その後は急落してしまうという動きも目立っていました。

最近は、証券会社も比較的低めの目標を出してくることが多くなって、以前に比べると目先買いで一気に燃焼するようなことは少なくなりました。それでも、時折強気で高い株価目標が出ると、格付けが出た直後からしばらく人気化することもあります。

レーティングを利用した投資で最も望ましい方法は、レポートが発表されたらできるだけ早く情報を得て、高い目標株価が出ていたり、内容が株価にプラスの影響を及ぼすものであれば、すぐに買いを入れることです。レーティングは、ネット証券サイトのニュースページや株式情報サイトなどで最新の情報を入手することが可能ですし、一部のネット証券サイトではレポートそのものを読むこともできます。

しかし、ここで一つ問題があります。通常、一般の個人投資家は、レポートが発表されてから早くても数時間後でないとその内容を知ることができません。そのため、レポート

図表3　2014年にレーティングで動いた銘柄の例

銘柄名	コード	証券会社	日付	レーティング内容	目標株価	値動き	
						当初	その後
日本ピストンリング	6461	SMBC日興	7月28日	強気	320円	220円(7/28)	265円(9/16)
SCREENホールディングス	7735	バークレイズ	10月8日	Overweight	600円	508円(10/9)	665円(11/7)
セイコーホールディングス	8050	野村	9月29日	Buy	800円	418円(9/29)	512円(10/1)
りそなホールディングス	8308	バークレイズ	10月17日	Overweight	600円	550円(10/17)	682円(11/4)

の内容を確認した頃には、プロや機関投資家の買いにより株価がすでに上がってしまっていることが多いのです。

そこで、個人投資家はレーティングが理由で上昇している株の高値買いは避けて、株価が調整する場面を待ち、一時的に下げ過ぎたところ、つまり押し目を待って買うのが有効な投資法です。

もともとレーティングで高く評価された銘柄であれば、急上昇の反動で下がった後は、再び上昇していくことが考えられるからです。

押し目買いの際は、下落後、再び積

極的な買いが入ってきているかどうか、注文の動向もよく確認してください。

いくつもの証券会社がレーティングを発表していますが、証券会社ごとに格付けの方針や傾向が微妙に異なります。可能であれば、一つの銘柄について複数の証券会社が付けたレーティングを見比べたり、あるいはある証券会社がさまざまな銘柄に付けたレーティングを比べたりして、レーティングで投資する際の参考にするとよいでしょう。

また、格付けが最上位の銘柄だけでなく、低い格付けが付いた銘柄にも注目しておきます。次回、格付けが見直された際にランクアップしていれば、間違いなく株価に影響があるからです。

最後に、私が比較的信頼に値すると考えているのは、野村證券、メリルリンチ日本証券、三菱ＵＦＪモルガン・スタンレー証券、ＪＰモルガン証券などによる格付けです。これらの証券会社で高くレーティングされて、その後大きく伸びた銘柄は多数存在しています。また、いずれも大手の証券会社のため、影響度がそもそも大きいのも理由です。

人気化した新規上場株（ＩＰＯ株）の値上がりを狙う

ＩＰＯとは新規公開株のことで、新しく株式市場に上場する銘柄を指します。

ＩＰＯで儲ける方法には二つあります。どちらも、「億」を儲けるトレーダーにとっては有益な方法です。

まず一つ目は、新たに上場する際に公開買付価格で購入し、上場したらすぐに売る方法です。

公開価格は、市場で取引されるであろう価格よりも安く設定されている場合が多く、初値で売ればそれだけで大きく儲けられる可能性があります。

例えば、２０１４年には78社が新規上場して、初値が公開価格を上回った企業は58社、最も高かったのは11月27日に新規上場したＣＲＩ・ミドルウェアで、公開価格２４００円に対して、初値は１万３５００円と５・６倍にもなりました。

この方法は儲かる確率が高いとして、ＩＰＯばかりを集中して狙っている人もいます。

ただし、ＩＰＯは誰でも自由に買えるわけではなく、事前に証券会社に申し込み、多くの場合は抽選の結果、購入の権利を得ることになります。証券会社によっては、証券残高の多い顧客や取引の多い顧客を優遇することもあります。新規公開時の値上がりを利用して儲けたいと思うなら、まずはＩＰＯの抽選に申し込むことから始めましょう。

さて、ＩＰＯで儲けるもう一つの方法が、ＩＰＯ人気に乗っかった「波乗りトレード」です。

ＩＰＯの中には、上場するとあっという間に人気がなくなって大幅に下落する銘柄もありますが、しばらくは人気が続き初値からさらに上昇する銘柄もあります。人気に火が付けば、2～7日で株価が倍増するケースもあり得えます。

例を挙げると、２０１４年9月に新規公開したＦＦＲＩは、公開価格が１４５０円に対して、初値は４０１０円と2・8倍にもなりましたがそれだけでは終わらず、その後も人気化して上昇を続け、2週間後の10月14日には一時1万３０９０円の高値を付けました。初値で買ったとしても、実に3倍以上に値上がりしています。

すべてのＩＰＯ銘柄が、上場後も引き続き株価が上昇するわけではありません。扱っている事業や製品が今までにないもの、これから広く普及が望めるものなどの場合、人気化することが多いといえます。

波乗りトレードの基本はデイトレードですが、ＦＦＲＩの例で分かるようにＩＰＯの人気銘柄の場合は、デイトレードより長めの数日〜1週間程度の動きを予想したほうが大きく儲かることもあるのです。

ＩＰＯでしばらく人気が続きそうな場合は、「まだみんなが買い続けるのか」を肌で感じて、それと同調もしくは先回りして動くことがとても重要になります。

トレードを重ねていけば、まだ買いが続くのかもう相場が終わりなのか分かってくるものですが、最初はとにかく人気を目で見て確認していく方法をお勧めします。

具体的には、有力なデイトレーダー、スイングトレーダーのブログやツイッターを何十件も見て動向を探るのがよいでしょう。

日々のトレードでは、前日、当日の人気傾向を板情報や出来高で見て、さらに上昇が期待できると思った場合のみ、前場の寄り付き以降に指値を入れます。上昇の勢いが続く間は、何度も売買を繰り返して構いません。

ＩＰＯ銘柄は、一時的な人気が収束すると急激に株価が下がるケースがほとんどです。再浮上することももちろんありますが、含み損を抱えて再上昇を期待するのは間違いです。株価が下落に転じる前に、早めに取引を終了させましょう。

『会社四季報』情報は鮮度が勝負、人より早く投資に生かせ

『会社四季報』(以下、四季報)は、上場している企業の情報が掲載された季刊の書籍です。四季報の基本的な内容や使い方は「巻末付録」で解説しているので、そちらを読んでください。ここでは、四季報を使った投資法について説明していきます。

「四季報投資」とも呼べる投資法は、デイトレードよりは若干長めのスイングトレード、ポジショントレードで使うこともあるのですが、波が来ている間だけ有効という意味ではまさに「波乗りトレード」の手法です。

四季報は年に4回発行されますが、「四季報投資」で重要になるのは6月発売の夏季号と12月発売の新年号です。なぜなら、夏季号には3月決算企業の決算情報が、また新年号には同じく中間決算の情報が掲載されるためです。

発売日から数日の間は、四季報に掲載された今後の見通しがよい銘柄、業績の好転が予

想されている銘柄については、多くの買いが入り株価が急激に上昇することが多々あります。

そこで、四季報で今後の業績見通しがよく、将来的にも有望な銘柄を、他の人より早く買って上昇したタイミングで素早く利益を確定するというのが「四季報投資法」というわけです。

特に、相場がよいときには四季報でよい書かれ方をした銘柄の株価が、いきなり何本も上昇することが珍しくありません。

四季報投資のためには、まずできるだけ早く四季報を入手することが大切です。発売日当日、書店がオープンすると同時に購入するのは当然で、人によっては少しでも朝早く開店する書店を探したり、また真偽のほどは定かではありませんが、前日夜に購入できる書店を利用したりしているようです。四季報投資では、本を早めに手に取るために工夫することも重要なポイントといえるのかもしれません。

四季報を入手したら、次はなるべく早めに全体に目を通して、有望な銘柄をピックアップしていきます。四季報投資を実践しているトレーダーの中には、購入したその日に何時間もかけて内容をすべてチェックする人がいるほどです。

四季報を見るときには、付箋も忘れずに用意しておいてください。有望な銘柄に付箋を付けておくと、後から付箋のあるものだけをじっくり見直すことができるからです。色付きの付箋を何種類か用意しておくと、特に注目度が高いものには赤、次点は黄色など、色別に順位分けするのに便利です。

さて、四季報にはさまざまな情報が掲載されていますが、一番にチェックしたいのはコメント欄にある「見出し」です。まず見出しだけをすべて見て、業績の好調や好転を表す内容であれば、付箋を貼っておきます。

ピックアップすべき「見出し」の例をいくつか挙げておきます。重要な順に並べていますので、参考にしてください。

強含み／最高益／順調／倍増／堅調／復調／向上／後半挽回／増配も／上昇、再上昇／拡大／増勢／急伸／好転／高水準／反発／続伸／回復、回復歩調／増益、連続増益、増益幅拡大、大増益／黒字（黒字化）／上向く／浮上（浮上濃厚、営業浮上、大浮上）／底入れ／改善／飛躍（大飛躍）／一転増益／上放れ／上振れ

次に、付箋を貼った銘柄のみ、コメントを読んでいきます。コメントでは、今後の業績に関わる内容のほか、新たな事業分野や海外展開、M&A、提携といった株価に影響を与えそうな魅力的な事柄が書いてあればしっかりチェックしていきましょう。

コメント欄を読む際には、書かれている内容が今期のものか、あるいは来期以降のものなのかについても注意を払うこと。株価は「先を織り込んで」上昇していくものですから、今期の話より来期以降の話に明るい材料があるほうをより重視してください。

また、業績の一覧にも目を通して、売上高、営業利益、経常利益、純利益がいずれも増加していて、伸び率が大きく、来期以降もさらに業績拡大が予想される銘柄なら、非常に有望です。

四季報をすっかり見終わった頃には、30〜40本程度は買いたい銘柄が挙がっていると思います。それを一覧表にして、値上がりが期待できそうな順に並べ替えておきましょう。

後は、チャートを見て株価の位置が高くないこと、ニュースなど直近の材料がどうなっているかなどを確認して、行けそうな銘柄を最終的に絞り込めばよいのです。

テレビ番組には明日のデイトレード銘柄のヒントがあふれている

ある株の株価が大きく上昇するには、何らかのきっかけがあるものです。そのきっかけは、業績変化や新規事業への参入、M&A、業務提携といった企業活動に関わるものに留まりません。

株価上昇のきっかけとして、誰にでも分かりやすいものの一つが「テレビ番組」です。テレビの番組やニュースなどで大きく紹介され、それがきっかけで大きく値上がりした銘柄は数限りなくあります。

例えば、2014年11月13日の「カンブリア宮殿」で取り上げられたユーグレナ。ミドリムシを活用した機能性食品やジェット燃料などの開発を手がけている若い企業ですが、この番組がきっかけとなり、1週間で株価は1350円→1600円と250円も上昇しました。この期間の上げ幅は約18%になります。

ほかにも、経済番組ではテレビ東京系の「ガイアの夜明け」やTBS系の「がっちりマンデー!!」などで紹介された企業の株が、放送翌日から急上昇したというケースは過去に何本もあります。

経済番組だけではありません。各社各時間帯のニュース番組や「NHKスペシャル」などの番組でも、特定の企業やビジネスが紹介されることがあり、それが株価上昇のきっかけになることは珍しくありません。

私は、民放の夕方のニュース番組などにも注目しています。最近話題になっている商品やサービス、流行のグルメや外食などが取り上げられ、その中でメーカーや小売、外食産業など上場企業の名前が挙がれば、内容によっては株価に影響を及ぼすこともあるためです。

テレビは見ている人の数が非常に多いため、そこで紹介されれば多くの人が「この企業が有望だ」と考え、株価の上昇につながる可能性が高いのです。そのため、常日頃からさまざまな情報に目を光らせておくことが大切です。

ただし、テレビ番組で長い時間を割いて取り上げられたからといって、何でも上がるというわけでは決してありません。

前述のユーグレナの場合は、ミドリムシという他にはない材料を使い、次世代バイオディーゼル燃料として自動車メーカーとの共同研究もスタートしているなど、話題性も夢も将来の業績拡大期待もある企業だったのです。

企業のトップが出てきてあれこれ話しても、特に将来に期待できる材料がなく、経営者としても魅力がないことがテレビから伝わってしまえば、投資家の失望につながり、逆に株価を下げる可能性もあり得るでしょう。

放送後は、すぐに買いに走るのではなく、まずデイトレーダーのブログやSNSなどでの反響を確かめ、株価への影響力がどの程度か予想した上で、翌日以降に取引するか否か、検討しておくとよいでしょう。

ところで、株価が上がるタイミングに関して、一つ気をつけておきたいポイントがあります。収録番組の場合は、番組の最後に次回の予告が流れることが多く、予告で何が取り上げられるか分かると、放送当日まで待たずに株価が急騰することがあるのです。

「カンブリア宮殿」のユーグレナが、まさにそのパターンでした。株価が上昇し始めたのは次回の予告が流れた翌日の11月7日からで、放送当日に高値をつけると放送後はいったん大きく下げるという展開になりました。放送で材料出尽くしとなって、利益を確定しようという売りが増えたためです。

もちろん、必ず予告の時点で上がるということでもなく、実際の放送で詳しく紹介されたのを見てから株価が反応する場合もあります。

いずれにしろ、次回の予告が流れる番組については、できれば予告もチェックしておきましょう。「カンブリア宮殿」や「ガイアの夜明け」など、テレビ局の公式サイトで予告編の映像を見られる番組もあります。

取引が増加し上昇が始まりつつある銘柄を仕込む前に確認すべきこと

ネット上で話題になっている銘柄、出来高が増えてきて株価が浮上しつつある銘柄。そうした株の存在に気付いたら、買うのかそれとも見送るのか、まずは判断する必要があります。と言っても、何日もかけて企業研究をするというのでは買いのタイミングを逃してしまいます。

次に挙げる項目を基本として、できるだけ短時間で仕込んでもよい銘柄なのかを確認していきましょう。

【仕込み銘柄の確認ポイント】

・相場全体の状況、よい相場なのか全体に下落傾向にあるのか
・資本金、株主構成、浮動株（市場で流通している株数）など、銘柄の基本情報
・前期の業績と今期・来期の業績予想
・配当の状況。増配予定の有無、無配のものは復配期待の有無
・株価の位置と直近の値動き、チャートの形
・信用取引の状況（信用買残、売残がどの程度あるのか）
・年初来の高値と安値
・材料の内容、強さ

慣れるまでは、これだけのことを確認するのにも時間がかかるかもしれません。とはいえ、チャートや出来高、業績、年初来の高値・安値などは取引しているネット証券のサイトでほとんど確認可能です。また、銘柄の基本情報や業績に関することは『会社四季報』でも見ることができます。もし余裕があれば、財務内容や利益率などについても見ておくとよいでしょう。企業の決算内容については、企業の公式サイトのＩＲのページを見ると

詳しい情報が分かります。

チャートの形は、「買っていい形」「見送ったほうがいい形」というのがある程度決まっていますから、「買っていい形」に当てはまるかどうかを確認するだけです。これについては、第4章で詳しく説明していますので、そちらを見てください。

最も判断が難しいのは、最後の「材料の内容、強さ」でしょう。

材料は、業績が黒字になった、画期的な新製品を発売する、同業他社を吸収合併する、大手と業務提携をするなどさまざまあり、それについてはニュースなどを確かめればすぐに分かります。

ただし、それがどの程度の強さ、つまり株価をどの程度押し上げるのか、どのくらいの期間、上げ続ける力があるのかは、なかなか判断がつかないでしょう。

一つには、過去に同様の材料で他の銘柄はどのように株価が上昇したのかを調べてみることです。その際の株価チャートや出来高の増え方が似ていれば、ある程度、参考になります。

有力なデイトレーダーのブログやツイッターなどをチェックして、これからターゲットにしようと考えている銘柄について、何か言及しているか調べてみることも意味があるでしょう。みんながこぞって注目している銘柄なら、株価が力強く上昇していく可能性があります。

また、チャートで見て株価の位置が低ければ、その分上昇の余地が大きいことが考えられます。

最後に、再びチャートと出来高の推移を確認して、今回の材料で株価が思ったように上がらなくても、急落したりしないか、トントン程度で逃げられるかどうかをできる限り確認して、大丈夫そうだと判断できれば、いよいよ買ってよい銘柄となります。

覚えておきたい「暴騰に買い目なし、暴落に売り目なし」

デイトレードは相場環境に左右されるので、日経平均が上がっているときのほうがよいという説明をしました。しかし、常にその通りというわけではありません。勢いが付きすぎて「暴騰」とまでいえる状態のときには、買いたくても買えないという事態に陥ることがあります。

日経平均が大きく浮上して、誰が見てもよい相場なのに、不思議なほど買い場がない。多くの銘柄が寄り付きか、寄り付き後2〜5分で高値を付けて、そこからは下げに転じてしまったり、もみ合いが続いて、買うことができないというケースです。

前日からは大きく上がっていてよい相場なはずなのに、無理に買いから入ると利益を出すことができなくなってしまいます。実は、参加者全員が「高い」と思うような暴騰相場には、買い場はありません。逆に、そういうときは空売りが有効なのです。

反対に、日経平均が一気に数百円も下落するような暴落相場では、朝から投げ売りも続き、株価が下がり続けるため、信用取引の空売りをしようにもうまく売るタイミングがつかめません。あまりにも下げ続けた場合は、ザラ場（取引時間中）に付けた安値からはある程度反発するため、むしろ、買いから入ると儲かる場合があります。

つまり、相場が大きく上がって、高値を付けているところでも買いがどんどん入ってくる場面は、実は売りのタイミングになっているということです。逆に、多くの人が投げ売りに走っているようなときは買い場の可能性があります。

暴騰や暴落の場面では、普段以上に冷静になって相場を見て、どのようなトレードをすれば利益が取れるのかをよく考える必要があります。

「日経平均が高いから買い」ではなく、逆に空売りすべきときもあれば、「日経平均が下落したから買い」という日もあるということなのです。

といっても、基本は「よい相場のときに、上昇している銘柄を買う」ですから、最初は暴騰の場面で買いなのか売りなのか、判断がつかなくなってしまうかもしれません。そこで、まずは相場が暴騰したり暴落したりした日には、その後、何が起きるのかをじっくり観察してください。いつ買いが一巡して下げに転じるのか、暴落した際にはいつ売りが尽きて、株価が戻り始めるのか。

暴騰・暴落時の株価の動きをしっかり記憶に留めておくと、暴騰時に空売りするタイミングや、暴落してみんなが弱気になっているときに買いから入るタイミングが見えてくるでしょう。

できれば、暴騰・暴落時に主力株を中心に20～30本の値動きを書き留めておくようにするとよいと思います。株価の4本値（寄り付き、高値、安値、引け値）を前場と後場、それぞれに記録するのです。そこから、どこで空売りあるいは買って、どこで買い戻しもしくは売れば儲けられたのかを確認しておきます。いわば、暴騰・暴落時の対応のイメージトレーニングです。

これを繰り返すことで、同じような環境が来たらそのときにはどの銘柄でどのようにトレードすればよいかが見えてきます。

「大化け株」をつかむことが金持ちへの近道となる

株価が1年で何倍にもなるような大化け株を見つけることができれば、「億」トレーダーへの道はぐっと近くなります。儲けたいと本気で思うなら、大化けが見込める株を早めに見つけて、大きく上昇する直前のタイミングで投資することが重要です。

では、大きく化ける可能性が高い株とは、どのような銘柄でしょうか。

まず、「大化け」しやすいのは、どちらかと言えば小型株です。現在の利益が小さいため、画期的な製品や技術が出れば業績に与えるインパクトは相対的に大型株より大きく、利益は何倍どころか、何十倍にも拡大する可能性があります。業績が大化けすれば、当然株価も大化けが期待できるでしょう。

ただし、株価は数年先の業績好転材料でも、先に織り込んで上昇していることがよくあります。そうなると、実際に業績が好転したときには、さほど株価が上がらないこともあるので、株価がどこまで先を織り込んでいるのか、それともまだ織り込んではいないのかという点については、常に意識しておく必要があります。

ほかにも、M&A（買収・合併）やTOB（株式公開買付）、資本提携といった企業の経営にとってプラスになる材料が出た場合も、株価は大化けする可能性があります。

まとめると、次のような企業の株の中に、大化け株が見つかります。

・開発した新製品や技術が国内・海外で認められ、将来の業績に大きく寄与する見込みがある
・今までの人々の暮らしを変えるような開発・発見・発明・特許に関わっていて、それが収益を拡大させることが予想される
・これまでとは別の事業分野に参入・もしくは参入予定、新たな収益の柱が生まれて業績にプラスの変化が期待される
・M&A、TOB、資本提携の可能性など、企業の経営にプラスとなる変化が期待される
・機関投資家や投資ファンドなど、国内外から多額の資金が流入してくる企業

・株式分割や増資など、資金調達に前向きなベンチャー企業

大切なのは、条件に当てはまる企業を、具体的な企業名までピックアップして、さらには業績にどの程度のインパクトを与えるのかというところまで考えておくことです。事前に準備しておけば、大化けの直前のタイミングで買うことができるためです。

買いのトレードに慣れたら「空売り」を取り入れて儲ける機会を増やす

相場はいいときばかりではありません。1年を通して見ると、必ず下落する局面もあります。相場全体が下落しているときには、買いから入る取引では儲けられません。しかし、空売り（売りから入る信用取引）ができれば、下降局面でも利益を狙うことが可能になり、利益獲得のチャンスが広がります。

空売りは、一言で言うと、買いから入るトレードの逆です。日経平均が下降トレンドにあるときに、これから株価が下がるであろうという銘柄を選んで、売りから入るトレード

を行います。

具体的には、これも上昇する銘柄選びの逆になりますが、例えば次のような銘柄が空売りに適しています。

・人気がなくなり、出来高が減少してきた銘柄
・チャート的に株価がピークを付けて、形が崩れてきた銘柄
・証券会社のレーティングが下げられた銘柄
・業績が下方修正された銘柄
・悪材料が出ることが予想される銘柄、または悪材料が出た銘柄

空売りの場合は、デイトレードでももちろん構いませんが、2日〜1週間未満のスイングトレードや、1週間〜1カ月程度のポジショントレードのほうがより効率的に儲けられることもよくあります。最初にどの程度の期間でトレードを行うのか、方針をしっかり立ててから臨むのがよいでしょう。

なお、空売りは必ず買いトレードでしっかり儲けられるようになってから始めてくださ

い。買いで儲けられないのに、空売りに手を出しても決してうまくいきません。

しかも、空売りは、買いから入るトレードよりリスクが高めです。なぜなら、買った株が大きく下落しても損失は限定されますが、空売りの場合は売った後にどこまで上がるか分かりませんから、損失に限度がないためです。兜町には、「買いの損は財産を失うが売りの損は命を失う」という格言もあるほどです。

そこで、空売りをする際には、買いトレードのとき以上にしっかり損切りをすることを忘れずに。特に、空売り後、予想に反して株価が上昇した場合には、できるだけ少ない損で逃げることを肝に銘じておきましょう。

第3章

利益1%取りの100本ノックで波乗りトレードのコツを身に付けろ

デイトレードの基本と旬銘柄の選び方

デイトレードの特徴と儲けるための基本

デイトレードとは、1日の間に反対決済まで行う取引手法のこと。「日計り取引」とも呼ばれていて、購入した銘柄はすべてその日に売却し、空売りの場合もその日のうちに買い戻す。翌日までポジションを持ち越さないのが基本です。

長期間保有して、その間に資産を大きく増やそうという長期トレードに比べると、細かく利益を積み重ねていくのが特徴です。

やり方のコツさえつかめば、プロもアマもあまり関係なく稼げるので、会社員から専業デイトレーダーに職を変える人も増えているようです。

今までに数多くのトレーダーを見てきた経験から言うと、デイトレードは、コツコツと同じ作業を繰り返すのが得意で、研究熱心、また一度決めたルールを守れるという人に向いています。

稼ぐ力のあるデイトレーダーなら、もちろん資金力にもよりますが、波が来ているときには朝から10～15本を仕込んで、儲けのチャンスを逃しません。

買ってその日のうちに売却する。デイトレードの取引方法自体はシンプルです。しかし、成功する人もいれば失敗する人もいます。その違いはどこにあるのか。まず最も大事なのは、仕掛けてよい株と手を出すべきでない株を間違えないこと。要するに、確実に儲けられる銘柄を選ぶことです。

その上で、デイトレードでうまく儲けるための方法を自分なりに検討し、確立することです。

銘柄選びの切り口については、第2章で詳しく説明しましたので、ここでは選ぶべき銘柄の全体像だけを再度説明しておきます。

・流れに乗っている銘柄（トレンドフォローの銘柄）
・人気に火が付いて上昇している銘柄
・業種や事業内容から人気化しやすい銘柄
・大衆が買いたくなる銘柄

儲ける方法は、デイトレードに慣れて稼げる自信がついたら、それぞれが利幅や損切りラインについて「マイルール」を決めればよいと思います。しかし最初のうちは、

①1％の上昇で利益確定、1％の下落で損切り
②前場（午前中）のみで手仕舞う

というルールでデイトレードをしてください。

この二つの守るべき基本については、次項目以降で理由と共に詳しく説明します。

なお、トレードに参加するのは、初心者のうちは日経平均株価が上昇する日のみ。日経平均がどうなるか分からない日は様子見としておいたほうが安全です。

もう少し、デイトレードの手法について説明しましょう。

できるだけ前場のうちに、利食うか損切りをして取引を手仕舞ったほうがよいと説明しましたが、それは午前中しか取引しないというデイトレーダーが多いためです。売り損ないを避けるためには、商いが活発なうちに反対決済までしておいたほうが安全です。

しかし、もし株価の上昇が続いている場合はどうしたらよいでしょう。

一つは、利益を確定する金額を1％上昇から2～5％程度まで引き上げること。

また、翌日以降も上昇を続けると予想するのであれば、いったん決済した上で、翌日改めて買い注文を入れるのがお勧めです。

ただし、値幅制限いっぱいまで上昇し、ストップ高となった銘柄については、後場の最後の取引（大引け）時点の板情報を確認して、買い注文が残っている場合のみ翌日も買い注文を入れるようにします。ストップ高は、さらに翌日も上昇する可能性がある一方で、翌日は急落することも多々あるからです。

デイトレードの中でも、5～30、40分間のタイムトレードが有効

東京の株式市場が開いているのは、前場は午前9時～11時半、後場は午後12時半～15時です。しかし、市場が開いている間、ずっと取引をしている必要はありません。買った株を持ち続ける必要もありません。

というより、持ち続けないほうがよいのです。なぜなら、デイトレードの場合、株価の

動きがよいのは主に午前の寄り付きから30〜40分程度だからです。

その理由は、多くの投資家が前場に集中して取引を行うため、朝の30〜40分に商いが集中するからです。この傾向は今後も続いていくと思います。したがって、デイトレードをするのであれば、前場のうちに買って決済までという運用が儲かる確率は高いのです。

具体的に、どのように動けばよいのかを説明しましょう。

各種指標などから、日経平均がどう考えても高いだろうと思われる日は「買い」から入って、寄り付きから30〜40分で利益を確定します。

ケース・バイ・ケースですが、早ければ買付から5分、10分程度、最速なら1〜2分で利食いする場合もあります。

詳しくは次の項目で説明しますが、デイトレードでは1％株価が上がったらすぐに利益確定するのが基本です。ただ、あまりに強い動きであれば、40分以上経っても持ち続けることもあります。とはいえ、デイトレード初心者の間は持ち続けるリスクを少なくするために、できるだけ早めに売却するよう心がけてください。

なぜ30〜40分で利食ったほうがよいかというと、日経平均が高い日は寄り付きから30分程度の時間は、下落リスクが少ないからです。

30～40分経った時点で株価が上げ切れていなくて利益が出ていないときには、下げに転じる前に思い切って逃げてしまう（＝売却する）ほうが安心です。だらだら保有していると、午前10時過ぎから前引け（午前11時半）にかけて下げていく流れに巻き込まれてしまうリスクが高くなります。

利益が出ていない状態でもとにかく手仕舞いするのか、それともまだ上がりそうと予想してあと少し待って利益を狙うのか。ここがデイトレードの肝となる部分で、高度な判断が要求されます。判断の精度を上げていくには、１００本、２００本とデイトレードの取引回数を重ねる中で、運用力を鍛えていくしかありません。

最も大事なことは、大きく損をしないこと。株価が動いていて参加者が多い朝の30分のうちに、確実に利食いする。あるいは、利益が出なければ早めの損切りで、大きな損を回避する。これがタイムトレードの最大のポイントです。

日経平均が明らかに安くなると予想される日は、「買い」ではなく、「信用売り（空売り）」が有効になります。「買い」から入るときと同様、寄り付きから30～40分の間には買い戻すようにします。信用取引では売りも買いも差金決済が認められているので、短時間に同じ資金を使って複数回取引することも可能です。

ただし、信用取引の「空売り」は、買いから入る取引以上のリスクがありますから、デイトレードの現物買いや信用買いで利益を積み重ねていて、損切りもきちんとできるようになった人だけが行うようにしてください。

1％上昇で利益確定・1％下落で損切りで、デイトレードの感覚をつかめ

株を買ったら、次はどのタイミングで売ればよいかが重要です。

株価がどの程度上昇したところで売ればよいのか。せっかく買ったのだから、できるだけ高くなってから売りたいと思うのが人情かもしれません。しかし、最初は1％上昇したら必ず利益を確定、つまり売却してください。

例えば、1株200円の銘柄なら、202円になったら売るということです。1000株が1単元の場合は、2円×1000株＝2000円の儲けになります（実際には、儲けから手数料と税金が引かれるため、受け取り金額はもっと少なくなります）。

同様に、買った後に株価が下落した場合も、1％下がったらそこで損切り、つまり売却

して損失を確定してください。

「1%」にこだわるのは、それがデイトレードの基本だと私は考えるからです。実際、デイトレードで儲けている人には、「1%上昇で利益確定、1%下落で損切り」という人が非常に多いのです。

1%での利益確定でも、資金があって1万株、2万株を買えるのならば、その分、儲けの絶対額は大きくなります。200円の株が1%上がった場合、1万株保有していれば2万円、2万株なら4万円の儲けです。

こうした取引を4~5本もやれば、1日で10万~15万円は簡単に稼げます。ただし、200円の株を1万株買うには200万円必要ですから、まずは資金を作るところから始めなければなりません。

取引に慣れてきたら、資金がある程度増えるまでは3~5%上昇したところで売却するという方法に変えてもよいでしょう。1%取りでは、少資金からスタートした場合、大きく増えるまでの期間がかかってしまうからです。

それでも、まず少なくとも最初の100本の取引については、1%上昇で利食い、1%下落で損切りというルールを厳守しながら、デイトレードの感覚をしっかり身体に覚えこませましょう。

ただし、1%上がるのを待つことを優先して、いつまでも持ち続けるのは間違いです。基本は「デイトレード」ですから、できるだけその日のうち、もっと言えば前場の間に損益を確定させてください。

最初の100本は、30本利食って20本損切り、50本がトントンなら成功

デイトレード最初の100本は、1%の株価上昇で利益を確定し、1%の下落で損切りしてくださいと言いました。「それでは儲からないのではないか?」と考える人がいるかもしれません。

最初の100本は、野球で言うところの100本ノックだと思ってください。つまり、まだ練習の段階です。とはいっても、バーチャルトレードではなく実際に自分の資金で株を購入するのですから、真剣勝負であることには違いありません。

とにかくトレードを積み重ねて、毎日コツコツと利益を増やしていきましょう。そし

て、1％下がったら戻るのを待たずに、即座に損切りしてください。

多くのトレーダーを見てきた経験から言うと、最初の100本ノックは、30本で利益が出せて、20本が損切り、後の50本がトントン切り（プラスマイナス0）であれば上々です。特に大切なのは、損を膨らませずに20本の損切りを1％の範囲内できちんとできたかどうかということです。

人によっては、100本やると2割（20本）ではなく7割（70本）以上が損切りになってしまった、という場合もあります。

原因は、そもそも選ぶべきでない銘柄ばかりを買っている、もしくは利益確定のタイミングが間違っている（欲張り過ぎて持ち続け、結局下落してしまい、損をするパターン）などが考えられます。

ただ、それでも経験を積む中で、銘柄の選び方も含めたデイトレードならではの感覚を磨いていけば、少しずつ上達して利益が出る本数が増えていくはずです。

もちろん、厳しいことを言うようですが、すべての人がデイトレードに向いているわけではない、というのも厳然たる事実です。

もし、何度デイトレードを繰り返しても買値から下げたところで損切りすることができない、100本ノックが200本になっても300本になっても利食いの回数を増やすことができない、という人はデイトレードではなく中長期のトレードのほうが合っている可能性もあります。

これは、ある意味「体質」のようなもので、どうしても短期トレードには向いていない、損切りできないという人もいるのです。

自分はデイトレードができるのかできないのか、向いているのかいないのか、それを知るためにも、まずは必ずデイトレードの100本ノックをやってみること、これは必須です。

そして、デイトレードとの相性がよく、勝てる確率がどんどん上がっていく人は、専業トレーダーになれば「億」単位のお金を手にすることができるはずです。

20 銘柄のデータ取りで、初心者向きデイトレード銘柄が見えてくる

資金を大きく増やすのに一番よい方法は、新興市場の「旬」銘柄でのデイトレードです。

しかし、新興市場の「旬」銘柄を扱うには、まずどれが「旬」銘柄なのかを見抜く力が必要で、株式投資自体が初めてという初心者にはかなりハードルが高いといえるかもしれません。

そこで、デイトレードのスタートとしてお勧めしたいのは、新興市場の「旬」銘柄の対極ともいえる「東証一部銘柄」で「値動きの安定した株」を選んで取引をすることです。

東証一部の安定株で利益を出したり、損切りをしたりというデイトレードを何度も繰り返すことで、デイトレードの感覚を養うことができます。

といっても、東証一部の銘柄なら何でもよいというわけではありません。まったく株価が動かないような銘柄や、逆にイレギュラーな動きをする銘柄ではデイトレードの練習としては難しくて不向きだからです。

選んでほしいのは、日経平均がプラスなら一緒になって上がる、値動きが連動するような銘柄です。

まずは、日経平均に採用されている225銘柄や「優良株」といわれている銘柄から、値動きが日経平均に連動していそうな銘柄を20本選んでください。その際、できれば業種は分散させること。また、最初は投資資金がそれほど多くはないと思いますので、株価が

1000円以下（1単元1000株なら100万円必要です）の銘柄から選ぶのがよいでしょう。日経平均採用銘柄でも、100円台～300円台の銘柄もいくつもあります。

次に、「日経平均」とピックアップした20本について、毎日、「寄り付きの株価」「前場の高値」「前場の安値」の三つのデータを取っていきます。

ここで見るのは、日経平均がある程度上がった場合、利益が狙える株があるかどうか、寄り付き値と前場の高値の間にどの程度の価格差があるかの2点です。

具体的には、次のような感じでデータ取りをします。データの入力や管理はパソコンで行うのが効率的でしょう。

1. A工業	320円	328円	312円
2. B建設	480円	495円	478円
3. C商店	353円	353円	348円

・・・

20．T薬品　２４１円　２４５円　２３６円

データを取っていく中で、予想とは異なり日経平均とは連動しない銘柄、株価に動きのない銘柄はデイトレードには使いにくいため、他の銘柄に入れ替えます。

相場環境や業績によっても、デイトレードに適した東証一部銘柄は変化することもあります。

日々のデータを確認しつつ、時折、銘柄を入れ替えて、どの株がデイトレードに適するのかを見ていきましょう。

狙う利益の幅は、欲張らずに最初は１％とします。そこで、日々のデータを見て、前場のうちに寄り付きから１％上がる株があればその銘柄に注目します。日経平均がプラスに動く日に、連動して上がる銘柄でかつ１％の値幅取りができる銘柄、これこそが初心者がデイトレードでまず選ぶべき銘柄です。

損切りについても、どの時点での損切りが正しいか、大きく損しないで運用できる銘柄かどうか、この20本の銘柄でしっかり見ていきましょう。

このようなデータ取りは、東証一部銘柄を使ったデイトレードの基本です。

記録した20本の銘柄のデータをよく確認して、どのようなトレードをしたらよいかを考えてみましょう。そして、そこから実際に投資をスタートしていきましょう。

なお、東証一部銘柄を使ったデイトレードの場合も後場は取引せず、必ず前場だけの運用とします。

東証一部銘柄のデイトレードは、大きな波に乗るようなトレードとは異なりますが、日経平均に連動して着実に1％の利益が取れる銘柄で成功体験を積んだり、損切りしたりできるようになれば、デイトレードの基本がきちんと身に付いたといえます。あとは、日々のトレードの中で、取引する株を増やして、経験を重ねていけばよいのです。

前夜から前場の寄り付き前までに確認しておきたい指標とは

デイトレードは朝の30分が勝負です。よい波を逃さずにうまく乗りこなすには、事前にしっかりと準備をしておかなければなりません。

具体的にはどのような準備をしておけばいいのでしょうか。

二つの準備があります。一つは、第2章で挙げたような波乗りトレードに適した銘柄の準備。どんな波がどんな銘柄に来ているのか、大きな波なのか小さな波なのか、今乗るべきなのか否かなどをしっかり検討しておきます。

そして、もう一つの準備が相場環境の確認です。個々の銘柄に強い材料があったとしても、全体相場の状況によっては大きな波にはならない場合もあるためです。

国内外の代表的な指数・指標を参考に、その日の日経平均が上昇しそうか、それとも下落していく可能性が高いのかという見通しを予想しておきましょう。

具体的には、前日のNY株（ダウ平均）の動向やその他海外市場の動向、日経平均先物とシカゴ日経平均先物（CME）の値動き、ドル／円など為替の動向、さらには日本市場の少し前に開く、シンガポール日経平均先物（SGX）の数値を参考にします。

大雑把に言えば、NYダウが上昇し、為替が円安方向で、日経平均先物の指数が前日の日経平均の数値を上回っていれば、その日の日経平均は上がり、相場全体も上昇する可能性が高くなります。

ただし、そうした指標がすべて高くても、何らかの理由で日経平均が上がらない日も、もちろんあります。逆に、海外市場の指数やCME、SGXの日経平均先物が軒並み下落していても、日本市場固有の理由によって日本株全体は好調という場合もあります。

もし、各種指標が微妙な動きをしているなど、買っていいのか判断がつかない日は見送りとなります。しっかり日経平均が上がり、売りは少ないと見られる日にだけ、買いの注文を入れましょう。

なお、国内外の株価指数や先物指数は、証券会社のサイトのマーケットページなどで確認ができます。

証券会社によっては、海外の指標は15~20分遅れで表示されるところもありますが、例えばシンガポール日経平均先物の寄り付き値が15分遅れでは確認する前に東京市場が開いてしまいます。

必ずリアルタイムで表示されるサイトやサービスを利用してください。無料で閲覧できるところがいくつもあります。

図表4　最低限チェックしておきたい指数・指標

指数・指標	内容
日経平均株価	東証一部上場銘柄から選んだ225銘柄の平均株価
TOPIX（東証株価指数）	東証一部全銘柄の時価総額を指数化した数値
日経平均先物	日経平均株価を対象とした先物取引。日経平均を先取りした値動きになることが多い
CME日経平均先物	シカゴ・マーカンタイル取引所で取引している日経平均先物。日本時間の朝6時15分まで取引されていて（サマータイム時は1時間前倒し）、当日の日経平均に影響を及ぼす可能性あり
SGX日経平均先物	シンガポール証券取引所で取引している日経平均先物。日本時間の朝8時45分から取引されていて、当日の日経平均に影響を及ぼす可能性が大きい
NYダウ平均株価	米国の代表的な30銘柄で構成される平均株価指数。必ずではないが、NYダウが上昇すると日経平均もプラスに動くことが多い
NASDAQ総合指数	米国のナスダック株式市場で取引されている全銘柄の時価総額を指数化した数値
米ドル／円	米ドルと日本円の為替レート。円安に振れたほうが、株高になる可能性が高い
ユーロ／円	ユーロと日本円の為替レート

デイトレードは「確率の高い投資」でなければ大きく儲けられない

儲かる投資家と儲けられない投資家の差はどこにあるでしょう。原因はさまざまですが、その一つは狙う値幅の違いです。

儲けられない投資家は、最初から大化け株を狙っていることがよくあります。自分が買った銘柄が化けると思い込み、銘柄に惚れ込んで仕込み、大きく化けるまで待とうと考えがちです。

しかし、実はこれこそが「儲からない投資」の始まりです。

買った後に短期間で50%上がることは、私の長い経験から言うとそれほど多くはありません。

200円の株が300円になる、1000円の株が1500円になる。そんなことは、全体相場の状況にもよりますが、東証一部銘柄なら1週間で50本取引して1本か2本、あるかないかではないでしょうか。イメージですが、確率でいうと5%以下というところだと思います。

考えれば分かることですが、大きく上昇する確率は小幅に値上がりする確率よりも当然低くなります。大化け株がないとはいいませんが、自分が買った銘柄が都合よく大化け株になることはそうそうありません。

一方、短期間で1〜2％上昇する株は数多くありますから、確率を重視してこちらを狙うほうが非常に現実的です。

例えば、大きく下げた株がその後1〜2％戻るということは日常茶飯事ですし、逆に大きく上げた株が簡単に1〜2％下げることもあります。これもまたイメージになりますが、200円の株が1〜2％上昇する確率、金額にして202円や204円くらいに上がる確率は、1日から1週間もあれば60％程度はあるのではないかと思います。

確率から考えたら、1回買ってそれが50％上がるのを待つより、1％の上昇を50回繰り返すか、2％の上昇を25回繰り返すほうが確実です。

つまり、デイトレードは確率の低い大きな儲けに賭けるのではなく、確率の高い小さな儲けを重ねていくことが非常に重要なのです。

200円の株が上がる確率はどのくらいなのか、あくまでイメージですが、あえて数字を出してみましょう。

200円の株が　100円（50％）上昇する確率は　5％
200円の株が　80円（40％）上昇する確率は　10％
200円の株が　50円（25％）上昇する確率は　20％
200円の株が　30円（15％）上昇する確率は　30％
200円の株が　10円（5％）上昇する確率は　40％
200円の株が　2円（1％）上昇する確率は　60％

このようなイメージを持っていれば、50％上がるのを待つより、1％取りで回数を重ねようと思えるのではないでしょうか。大儲けしているトレーダーの多くは、このように確率を重視したトレードを行い、資金を増やしているのです。

最後に、ここではデイトレードの話として説明しましたが、1週間程度のスイングトレードや、1週間～1カ月のポジショントレード、さらには中期トレード、長期トレードでも、確率重視という基本は変わりません。

中長期~長期の場合は、確率重視の考え方を踏まえた上で、あえて長期保有にふさわしい銘柄をじっくり持つのだと思ってください。決して、安易に「長期保有だから大化けを狙っていいんだ」とは考えないことです。

第4章

絶えず変化する波を見極めることが、株上達の基本

株価の推移を表すチャートの読み方

成功するトレーダーは誰でもチャートを参考にしている

株価チャートは、株価の動きをグラフ化したものです。

チャートの下にはたいてい取引された株数を表す「出来高」も載っていて、株価が分かるだけでなくその時点での取引が活発だったか閑散としていたかを知ることもできます。

株価のグラフと出来高の表記をまとめて、株価チャートという場合もあります。

プロの投資家でも個人投資家でも、株取引をする人は誰でもこの株価チャートを見て、取引の参考にしています。多くの人がチャートを見て銘柄を決めている以上、株式投資ではチャートを無視することはできません。

特に、新興市場銘柄の場合は、チャートを重視して銘柄選択を行っている人が非常に多いのです。

チャートをどの程度重視するかは、人によってかなり違いがあります。中には、チャートの形やチャート理論だけで取引する銘柄を決めるトレーダーもいます。

私がお勧めするのは、チャートだけで銘柄を決めるのではなく、何らかの材料が出たとか業績の変化、レーティングなどから今後上昇しそうな銘柄を見つけたら、それからチャートの形を確認して取引するかどうかを決める、という利用法です。あくまでも、他の要素と共に、銘柄選択にチャートを使うという方法です。

具体的には、日々の値動きが分かる日足チャートを見て、チャートの形つまり株価がどう動いているのかと、今の株価の位置がどの辺りなのかを確認します。そして、チャート妙味があれば投資を検討します。「チャート妙味がある」とは、チャート上で買いに適していると判断できるような形のことです。

チャートのみで買う買わないの判断はしないと言いましたが、逆に、業績やそのほかの材料がよかったとしてもチャートの形がよくなければ投資を見合わせることもあります。

誰かが「これはダメだろう」と思うようなチャートであれば、同じように「これはダメだ」と思う投資家がほかにも多数存在しています。

チャートの形による株価予想が常にすべて当たるわけではありませんが、多くの人が共通して悪いイメージを持つチャートの銘柄を無理して買う必要はまったくないでしょう。

中には、今後さらに下落が予想される株を空売りするために、あえて形の崩れたチャートの銘柄ばかり選ぶ人もいます。しかし、これは空売りの実績を重ねた人が使う方法であり、まだ買いの取引でも実績を作れていない人が、形の悪いチャートから空売りを狙うことはお勧めできません。

チャートは、投資家の共通意識です。みんながよいと思うチャートの株はよく上がりますし、多くの人が「チャートの形が悪い」と考える株は敬遠される傾向にあります。このため、常に多くの人が好むタイプのチャートを意識して銘柄を選択することが重要です。

詳細は、この後の項目で説明しますが、みんながよい形だと考えるチャートとは、主に「右肩上がり（トレンドフォロー）」、「調整完了の戻り過程」、「W字、V字波動」の三つです。

この3種類のチャートに当てはまるようであれば、チャートと併せて板情報も見た上で次は、指値をいくらにするか考えればよいのです。

チャートの基本の見方を把握する

株価チャートが、株価の動きをグラフにして表したものだということはすでに説明しましたが、チャートは単なる棒グラフや折れ線グラフではありません。出来高と一緒に見ることで、さまざまなことを教えてくれる取引に欠かせない重要なツールです。

まず、株価のグラフは「ローソク足」と呼ばれる四角形によって構成されています。このローソク足を見るだけで、日足チャートの場合はその日の始値、終値、高値、安値という4つの株価がすべて分かるのです。

始値より終値が高ければ白く表示され、逆に終値のほうが安ければ黒く表示されるというルールのため、ローソク足を見るだけで始値と終値のどちらが高かったのかも確認できます。

売買のタイミングを判断するための参考には、通常は毎日の値動きを記した日足チャートを利用すれば十分です。

もしも、中長期の株価トレンドを知りたい場合には、1本のローソク足で1週間の値動きを表した週足チャートや、同じく1カ月の値動きを表した月足チャートを利用します。

また、取引時間中の値動きを見るためには、1時間足、15分足、1分足といったチャートを利用する場合もあります。

さて、ほとんどの株価チャートでは、株価の下に棒グラフが並んでいます。これは、上の段の株価と同じ期間の出来高を表しています（利用している株価チャートによっては、別の指標が表示されている場合もあります）。

チャートと出来高を合わせて見ることで、単に値上がりした、値下がりしたというだけでなく、それが出来高を伴ったものなのかどうかが分かります。

株価上昇と共に出来高が急増していれば、買いたいと思う人が多いということですから、その銘柄が人気化しつつあることを示しています。となれば、波乗りトレードで利益を取りに行くのに適した銘柄になる可能性があるというわけです。

もし、株価が多少上昇していたとしても出来高が少なければ、その勢いは続きません。チャートを十分に活用するためには、出来高を確認することも非常に重要になるのです。

最後に、この本では触れていませんが、株価チャートに一緒に掲載されていることが多

図表5　ローソク足の基本

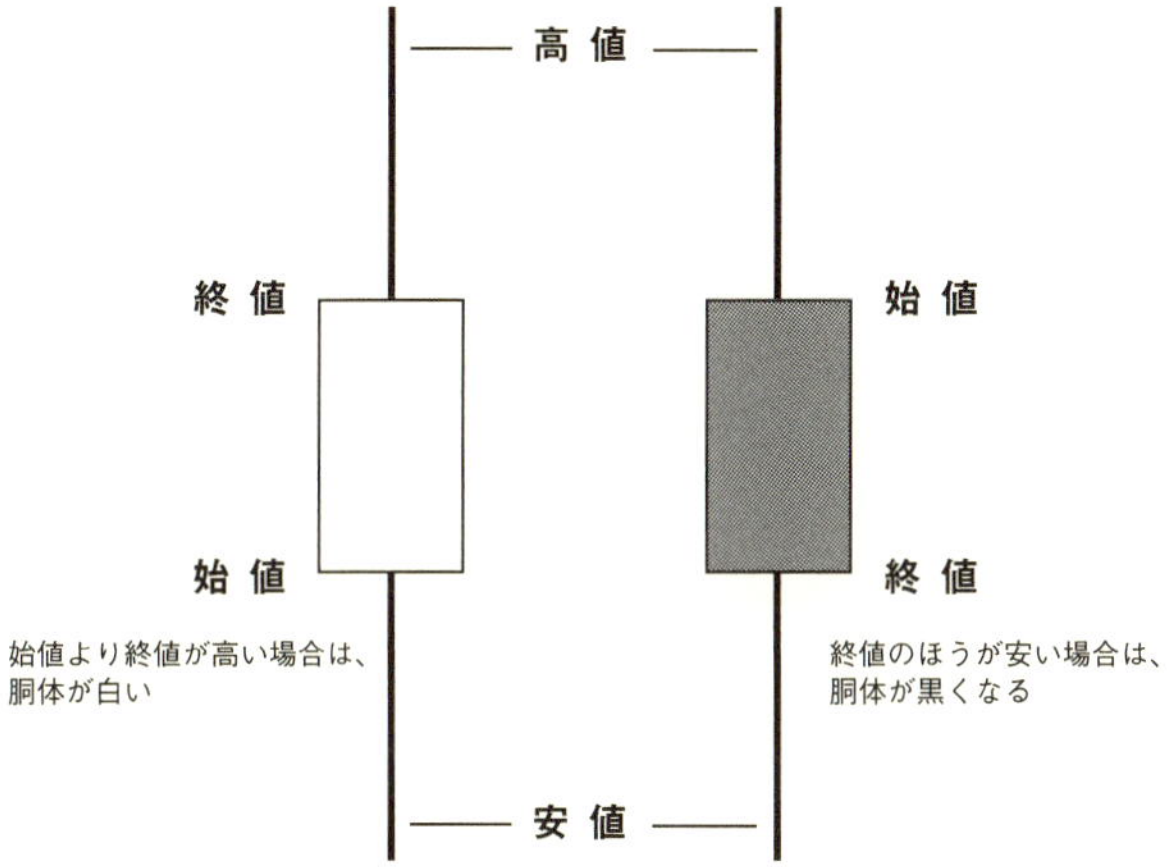
高値
終値
始値
始値より終値が高い場合は、
胴体が白い
始値
終値
終値のほうが安い場合は、
胴体が黒くなる
安値

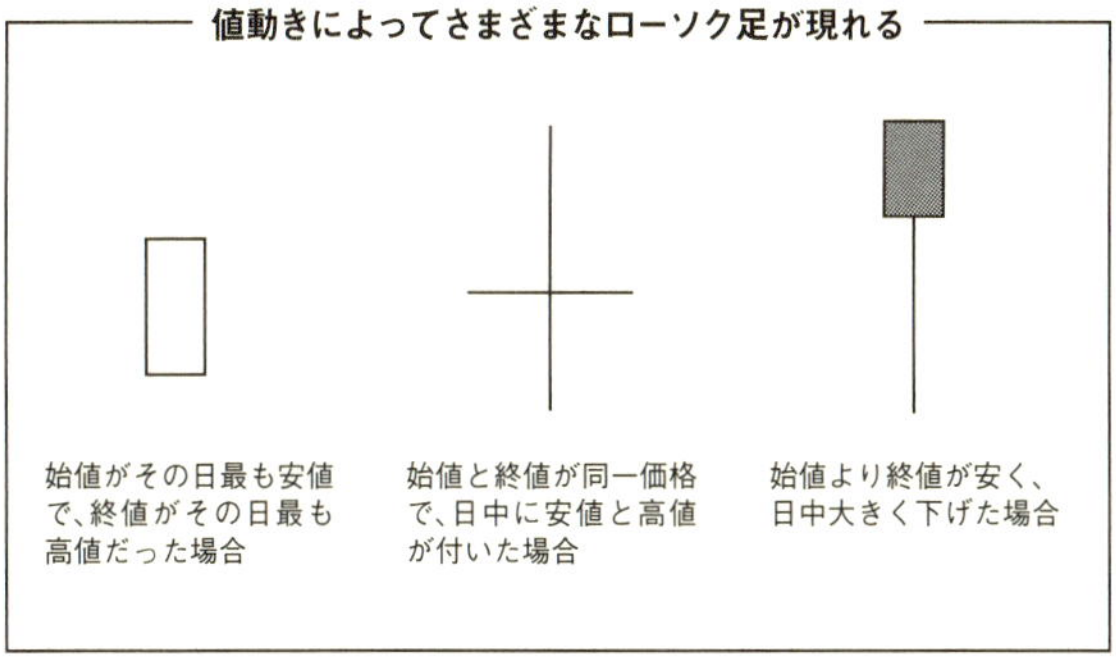
値動きによってさまざまなローソク足が現れる
始値がその日最も安値で、終値がその日最も高値だった場合
始値と終値が同一価格で、日中に安値と高値が付いた場合
始値より終値が安く、日中大きく下げた場合

い移動平均線についても簡単に説明しておきましょう。チャート利用の基本知識ですので、覚えておいて損はありません。

移動平均線とは、ある一定期間の終値の平均値を結んだ線のこと。ローソク足が、日々の値動きを表すものだとしたら、移動平均線は株価のトレンド、方向性を表しています。

通常、株価チャートには、短期と長期の2本の移動平均線が描かれていて、例えば日足チャートなら、短期として5日や25日の移動平均線、長期としては75日や200日の移動平均線がよく使われます。

移動平均線は、ローソク足との位置関係で売買のタイミングを計る参考によく使われます。例えば、短期の移動平均線が右肩上がりで、ローソク足が移動平均線の上で推移しているときに、一時的に株価が下がってローソク足が移動平均線にタッチしたところは、押し目買いのタイミングだといわれています。

また、2本の移動平均線の関係も、株価の方向性を見るのに使われます。例えば、短期の移動平均線が長期の移動平均線を下から突き抜けた状態を「ゴールデンクロス」と呼び、これは株価上昇のサインといわれます。また、逆の場合は「デッドクロス」で、こちらは株価下落のサインになります。

図表6　チャート全体図

日足チャート

ローソク足を並べた株価チャート。その日の値動きと同時に、日々の値動きも分かる

移動平均線

株価チャートには、通常、短期と長期の2本の移動平均線が表示されていることが多い。長期の移動平均線に比べて、短期の移動平均線はローソク足に沿った動きになる

出来高

株価チャートの下段には、出来高が表示されている場合が多い

図表7　日足、週足、月足チャート

日足チャート(6カ月間)

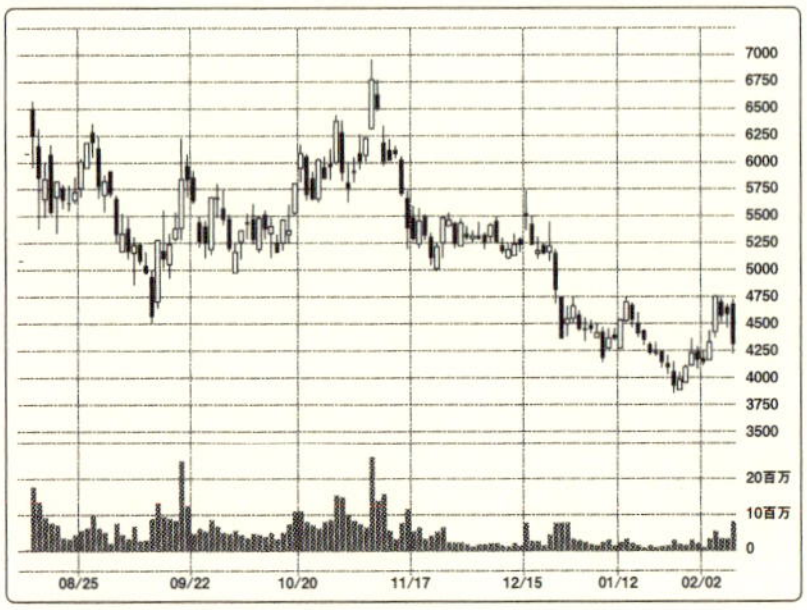

週足チャート(1年間)

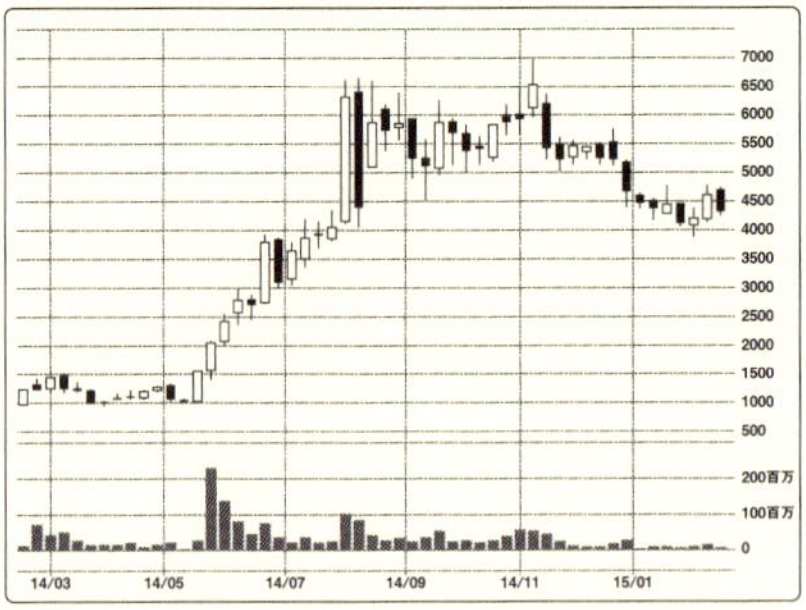

月足チャート(2年間)

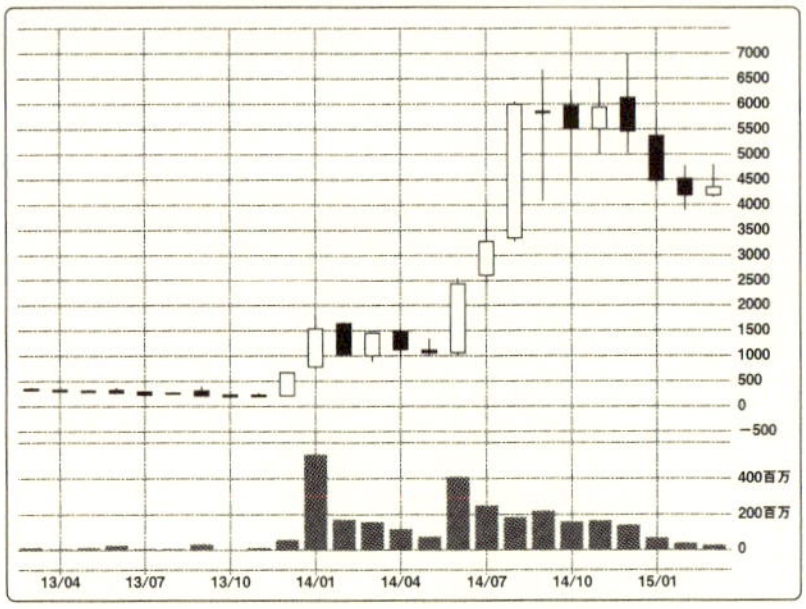

普段の取引の参考には、日足チャートを見れば十分。
長期のトレンドや下値を見たいときには、週足や月足のチャートを確認する

ただし、必ず上昇したり下落したりが約束されているわけではなく、あくまで参考に過ぎないことは覚えておきましょう。

上昇が狙えるチャートの基本形は頭に叩き込んでおく

チャートを細かく分析して株取引に生かしている人もいます。しかし、波乗りトレードではスピードとタイミングが重要です。業績や材料性、取引の厚みなどを短時間でチェックした後は、チャートも素早くチェックする必要があります。そのためには、どのような形のチャートなら上昇が狙えるのか、逆に、買いを控えたほうがよいチャートはどんな形か、事前に頭に入れておかなければなりません。

といっても難しいことではなく、株価上昇が狙えるチャートの形はいくつかのパターンがありますから、それを覚えておけばよいのです。

チャートの形が崩れているときや、判断のつかないチャートの場合は、手を出さないほうが無難でしょう。

図表8　①右肩上がり（トレンドフォロー）のチャート

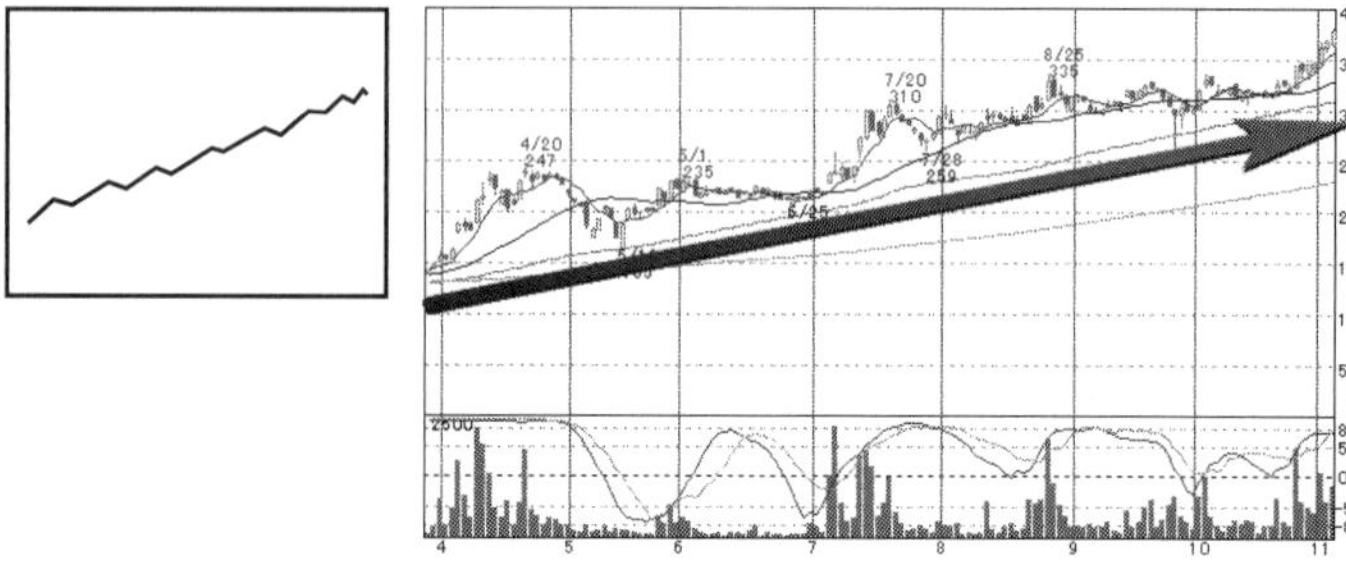

①右肩上がり（トレンドフォロー）のチャート

右肩上がりに上昇を続けているチャートです。これは、最強と言っていいでしょう。基本的に、このようなチャートであれば問題がなく、短期トレードにおいては買いの安心感があります。

また、こうしたチャートをまだ株価位置が低いときに発掘できれば、中期的な大儲けも可能になります。安値で発見できたときには、中長期のトレードにもよいでしょう。

②調整完了の戻り過程（底値脱出）のチャート

調整が続いていて十分に売られた株が下値から戻り過程にあるチャートです。長い間、下げ続けてきた株が、反発して鎌首をもたげたような状態になっています。

図表9　②調整完了の戻り過程（底値脱出）のチャート

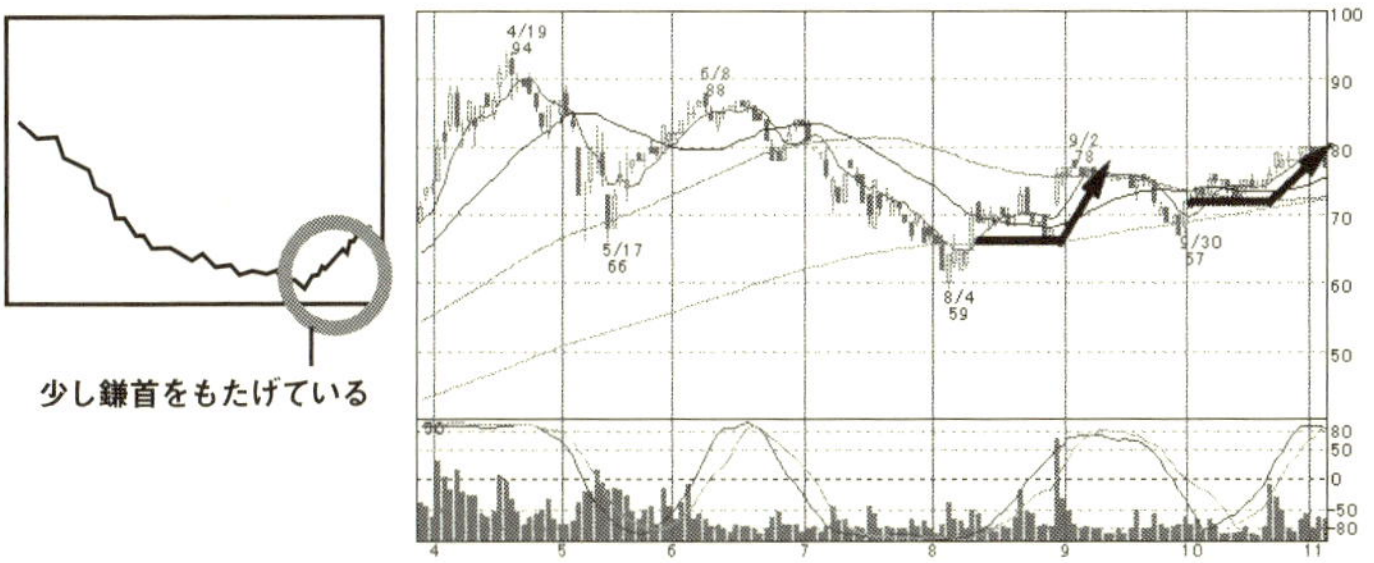

ただし、実はまだ調整が完了しておらず、一見完了したと思わせる「だまし」の場合もあるのでやや注意が必要です。「だまし」ではないことを確認するために、底値脱出が確認できてもすぐには買わず、ある程度上昇してから買いの判断を下すのが安全です。

うまくいけば、中期的に大きな利益を得ることも可能です。

③W字、V字波動のチャート

名前の通り、W字やV字になっているチャートです。上げ下げを繰り返しながらも、下値を切り上げていく動きになっています。この形のチャートでは、下値が切り上がっていること、つまり2回目の下落がその前の下値を下回らないもので、逆に上昇の際は前回の上値を抜いてくるような、一定のリズムの中で強い

図表10　③W字、V字波動のチャート

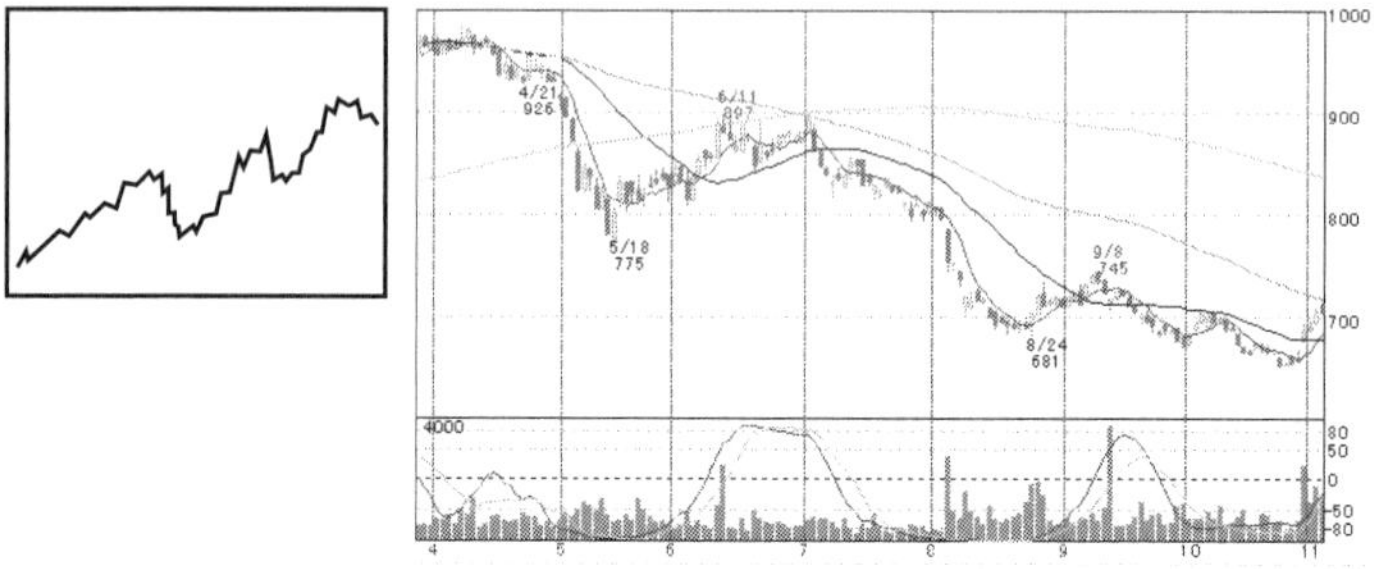

動きのあるものが有望です。前回の上値を抜いてきたところが買いタイミングになります。

④特徴的な下髭が出たチャート

株価が安値圏にあるときに、長い下髭が出現したチャートです。その日の寄り付きの後、いったんは大きく株価が下落したものの、その後再び上昇したということを示しています。この長い下髭が出ると、翌日以降、株価が上がる可能性があり、下髭が特に長い場合には大きく値上がりする場合もあります。

悪材料が出尽くして、そこまでに売り尽くされたという状態で出た下髭であれば、上昇する確率が高いと見てよいでしょう。

逆に、高値圏で長い上髭が出た場合は、株価が下落するサイン、つまり空売りのサインになる場合があり

図表11　④特徴的な下髭が出たチャート

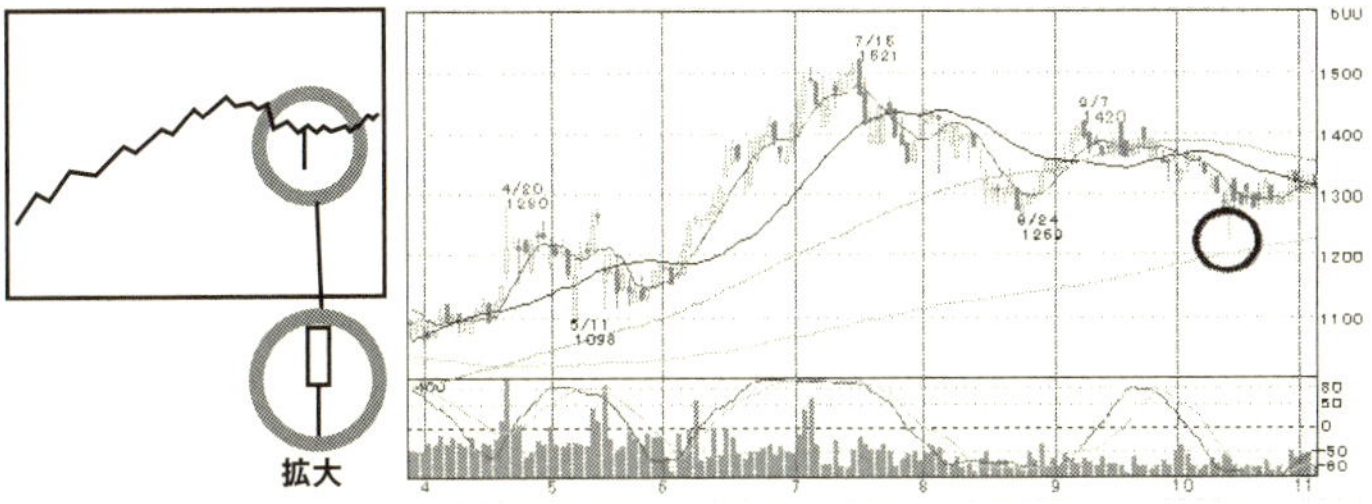

ます。

⑤ペナント型チャート

上昇と下落とを繰り返していた株価の動きがだんだん小さくなり、ペナントのような三角形を描いているチャートです。「保《も》ち合《あ》い」とも呼ばれます。

相場の動きが煮詰まってきていることを示していて、次の動きがスタートする時期が近付いていることが分かります。

この先、株価は上か下かのどちらかに放れることになりますが、何らかの買い材料が出れば大きく上がることが予想され、効果的な買い場になります。

また、この形のチャートは、プロの投資家の注目度が高く、その意味でも押さえておく必要があるでしょう。

図表12　⑤ペナント型チャート

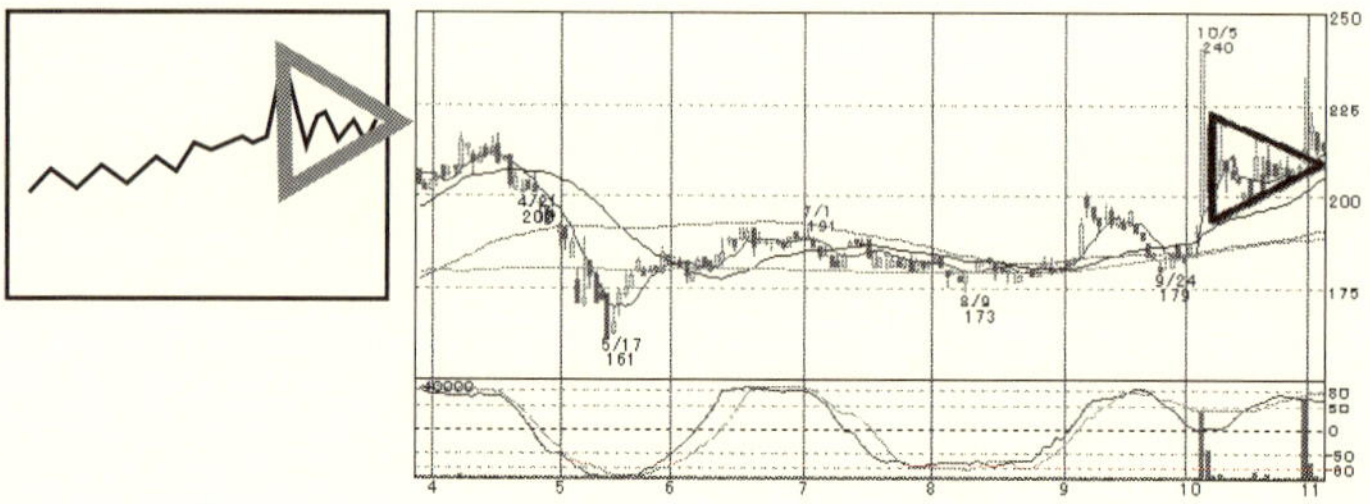

⑥窓埋め戻り型チャート

ストップ安をつけて下落した場合、チャートにはその日のローソク足は描かれません。この状態を、「窓を空けて下落する」といいます。

その後、業績の好転がいわれたり、新たに材料が出たりと、反発力があると見られた場合には下落過程で起こった「窓」を埋めるように急上昇する可能性があります。

ただ、窓を埋めて戻るかどうかは、個別の銘柄によって異なり、窓を空けて下がったら必ず窓を埋めにいくというものではありません。

⑦ボックス放れ型チャート

一定の株価の間をジグザグ上下していて、なかなか抜け出せないボックスを形成しているチャートです。

図表13　⑥窓埋め戻り型チャート

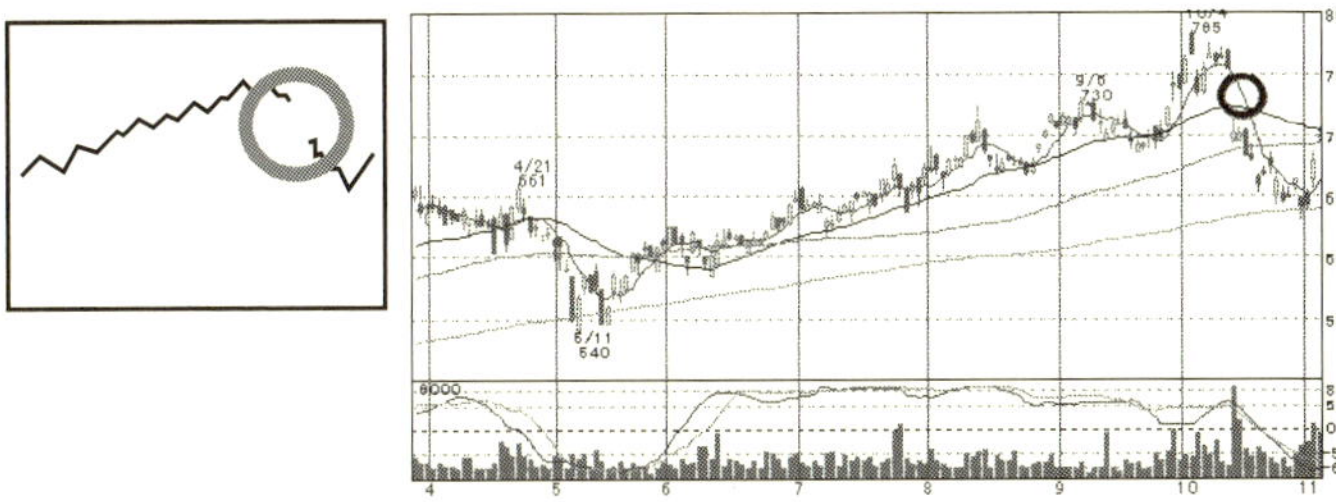

図表14　⑦ボックス放れ型チャート

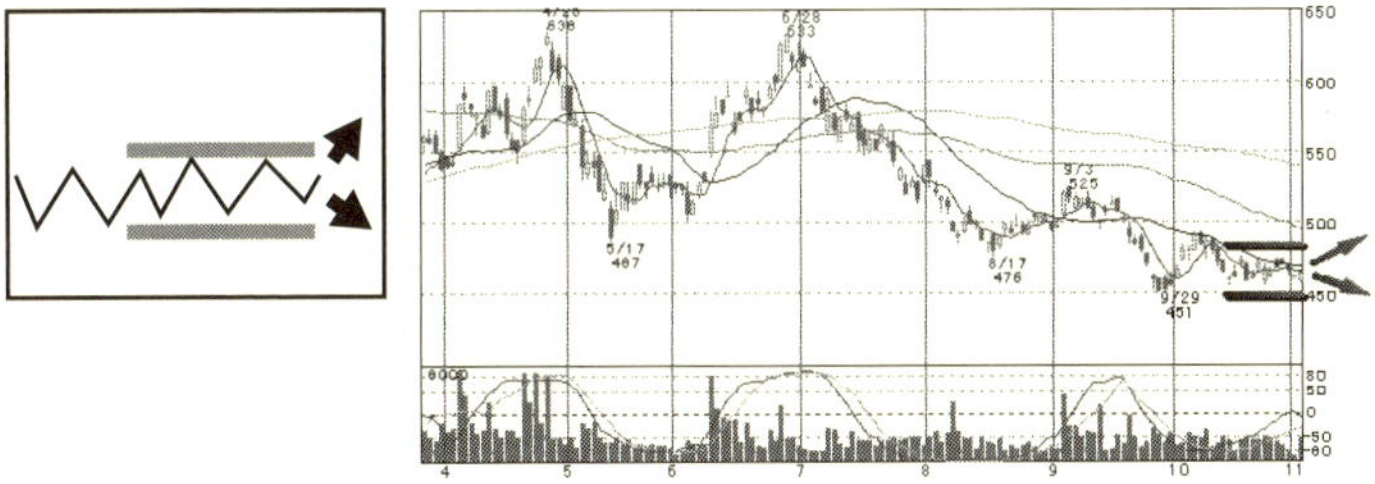

何らかの材料が出て、このボックスから上に抜けたときには一気に上昇し、下に抜ければ下降局面に入ります。ただ、材料が出るまではボックス相場が続く可能性があるため、短期トレードではなく中長期で見ておきたいチャートです。

最後に、形の悪いチャートも簡単に紹介しておきます。こういう形のチャートの場合は、取引を見送ったほうが安全でしょう。

・長い上髭が出て、天井についたようなチャート
・右肩下がりで調整途上にあるようなチャート
・窓を大きく空けていて、崩れたような形にあるチャート
・動きが乱暴で、判断がつかないチャート

チャートは重要でも、テクニカルだけに頼った投資は失敗する

この章の冒頭で、チャートを確認することの重要性を説明しました。銘柄選択の際には、必ず日足チャートにも目を通しておいてください。

しかし、チャートばかりを見て、チャートを利用したテクニカル分析にだけ頼ることには賛成しかねます。

古くからの証券会社が多く集まる東京の兜町には、「罫線屋、日足引き引き足を出し」という格言があります。「罫線」とは、チャートを指す古い言い回しですが、これは罫線ばかりを引いている人（チャートばかりを見ている人）は儲からないという意味で、チャート分析の専門家を揶揄したものです。

その銘柄の材料性や業績、株価の変化、レーティング、出来高といったものを総合的に判断する中で、チャートについても同じように参考にして大儲けしているという人を、私は実際に数多く知っています。しかし、チャートだけ、あるいはテクニカル分析だけで儲けている人はあまりいないのではないかと考えます。

チャートを使ったテクニカル分析では、ローソク足の並びから売買タイミングを割り出す「酒田五法」などがよく知られています。しかし、こうしたテクニカル分析は市場ではすでに過去のものとなっていて、現在はチャートはもっと統計的な面を重視して活用されています。

つまり、チャートがある形になっている場合、次はどのようになる確率が高いのか、統計から次の展開を予想しているのです。投資のプロも一般の個人投資家も、そうした考え方でチャートを参考にしています。

決してテクニカル分析を否定するつもりはありません。初心者の人には馴染みのない名称ばかりが並ぶかと思いますが柴田罫線も篠原レシオも前述の酒田五法も、一つの参考材料にする分には構わないのです。

これは、株価などから算出するさまざまなテクニカル指標についても同様です。テクニカル指標ばかりを見ていては、本当に儲かる勢いのある銘柄を見逃してしまうことにもなりかねません。

この本では、デイトレードの活用で大きく儲けていくことを主眼としています。複雑に考え過ぎないで、「勢いのある波に乗る」トレードのためにチャートを利用するのだという基本を大切にしてください。

第5章

3%の利食い、損切りを徹底することが儲けの鉄則

利益確定と損切りルール

儲けられないデイトレードの原因はどこにあるのか

デイトレードを始めたもののうまく儲けられず、結局諦めてしまった、という人がいます。私から見ると、デイトレードで儲けられない人の理由は主に二つです。

一つ目の理由は、考える時間が長すぎること。すでに繰り返し述べている通り、デイトレードではぐずぐずと考えていてはいけません。上がっているものを買って勢いのあるうちに利益を確定するという、シンプルなタイムトレードが身上です。

しかし、儲けられない人は、まずあれこれと理屈を考えます。そのため、売買の判断が遅くなってしまうのです。一体何を考えているのかというと、上がっているときにはもっと利益を欲張ることを、下落しているときは損を確定したくないという自分の気持ちを、理屈で固めているわけです。そんな言い訳を考えている間に利益確定、損切りのタイミングが遅れてしまうのです。

上がって欲張り、下げる前に逃げられない――これでは、まず儲かるデイトレーダーにはなれません。何度でも言いますが、短期トレードは時間勝負、即断即決が肝要です。

そして、儲けられない二つ目の理由は、一つ目の理由とも関わってきますが、一言で言うと「損切りができない」、これに尽きます。

私が運営するサイトで、株取引でトータルでは損をしているという人に、「損している理由は何だと思いますか？」という簡単なアンケートを実施したことがあります。その結果は、次の通りです。

・1位　買値から下げた株をそのまま放置したため　71・6％
・2位　自分に合わない投資を修正できないまま続けたため　20・4％
・3位　上がらない株を選択してそのままにしたため　8％

約72％の人が、買値から下がっても放置していたため、つまり含み損を抱えたままにしたことが、トータルで損をしている理由だと考えています。回答したのは、投資経験も投資の知識もある人たちです。そんな人たちにとっても損切りは難しく、損切りができなければデイトレードでも中長期トレードでも儲けることはできなくなってしまうのです。

次の項目からは、この「損切り」についてもっと詳しく考えていきたいと思います。損切りは、儲ける投資には必須の行動です。これから投資を始める人はもちろんですが、すでに投資経験があり損切りが苦手という人は、必ず次項以降も読んでください。

大きく儲けている人ほど損切りを徹底しているという事実

前項のアンケートとは逆の質問ですが、大きく儲けている人に「儲けるコツは何ですか？」と聞くと、誰もが決まって「損切りをしっかりすることです」と答えます。一見、儲ける話とは反対のことです。しかし、私もまったく同感です。儲けている人は、損切りの重要性を自身の体験を通して知っています。

大儲けした人のほぼすべてが、かつては損切りができずに一度は大損をしています。そのときに、損を拡大させないことの大切さを身をもって学ぶのです。一度大損して目が覚めると損に対して敏感になり、損を拡大させないためにスピーディーに損切りできるようになります。

損切りによって損失を確定すれば、その失敗はそこで終わります。あとは、別の銘柄に乗り換えて新たなスタートを切るだけです。早めに損切りすることで、資金の減少を抑えることができます。資金を大きく減らしてしまい、銘柄選びで制約を受けることも少なくて済みます。また、株価が戻らない銘柄から上昇が期待できる銘柄に乗り換えるわけですから、もっと大きく儲けるチャンスが得られます。

これだけ挙げれば、早めの損切りで悪いことなど何もない、それどころか損切りこそが大儲けにつながるということが分かるはずです。

それでも損切りができない、もしくは損切りはあえてしないという人もいます。なぜなのか理由を聞くと、たいてい次のような答えが返ってきます。

・損切りすると、損失を確定することになるのがイヤだから
・他の株に乗り換えた後に、損切りした銘柄が上がったら悲しいから
・他の株に乗り換えた後に、今度はその株が下がるのがこわいから
・今は含み損でも、いずれ買値に戻ってプラスになると思っているから

自分の銘柄選びに自信がないので、他の銘柄に乗り換えてもうまくいかないに違いないと弱気になり、いずれ買値に戻るはずと根拠のない希望にすがっている様子が伝わってきます。

もちろん、いずれ株価が買値まで戻る可能性は確かにありますが、さらに大きく下落することも十分あり得ます。特に、高値買いした新興市場株を持続しているケースでは、買値から80%、90%下落することも非常によくあるのです。こうなってしまっては、買値まで戻ることは相当難しく、売却後に戻った資金でまた新たなトレードが行えますが、大きな含み損を抱えたままでは、例えば全体的に相場が上がる局面でも一人取り残され、含み損が少しでも減るのをじっと待っているだけになってしまいます。

儲ける投資のためには、損切りが絶対に必要なのです。

儲けるためには 利益確定と損切りのルールを守る

波乗りトレードで大きく儲けるためには、今まさに上昇の勢いがある銘柄を見つけてその波に乗ることがまず重要ですが、それと同じぐらい大切なのが、利益確定と損切りについてのルールを自分で決めて、それをしっかり守ることです。

第3章では、デイトレードの基本として「1％上昇で利益確定、1％下落で損切り」と説明しました。しかし、すでに説明した通り、元手となる資金を増やしたい局面では1％の利益確定・損切りではなかなか資金が増えないことが気になるかもしれません。

そこで、資金が少ないという人は、デイトレードの100本ノックを済ませて取引にも慣れたという前提で、3～5％の株価上昇で利益を確定して、同様に、3～5％の株価が下落したら損切りするというルールに変更しても構いません。また、基本はデイトレードですが、株価上昇の勢いがあるときには、2日～1週間程度保有して値上がり益を狙うスイングトレードを併用してもよいでしょう。

ただし、自分で決めた利益確定と損切りのルールは、何があっても必ず守ってください。多くの場合、トレードは人に相談したりせず自分一人でやっているため、ついついルールを破ってしまいがちです。「株価が5％上昇したが、もう少し上がるのではないか。このチャンスを逃すのはもったいないだろう」とか、「明日まで持ち続ければ、株価が戻りそうだから、損切りは明日にしよう」とか自分勝手に考えるのです。

結果として、実際により多くの利益を得られたり、株価が戻って損を出さずに済んだりしたという場合もあるでしょう。しかし、いったん利益確定と損切りのルールが崩れてしまうと、欲張った結果、取れたはずの利益を取り損なったり、損切りのタイミングを逃して含み損を抱えたりという事態が頻発して、儲けるどころではなくなってしまいます。

ルールにしたがって利益確定と損切りの回数を重ねていくだけで、徐々に利益を増やしていけるはずです。必ずルールは守ること！

もし、利益確定と損切りのルールを厳格に守っているのに儲けられないという人がいたら、それはベースの部分、つまり買っている銘柄自体や取引するタイミングが間違っている可能性が高いでしょう。その場合は、銘柄の見極め方にどこか問題がないか、波が来ていないのに買ってしまったかなど、これまでの取引をもう一度よく見直してください。

損切りができなければ、投資は苦痛になってしまう

損切りできないとなぜよくないのか、ここでは「感情」の面から話をしたいと思いま

す。悩み、苦痛、後悔、妥協、諦め……こんなマイナスの感情にさいなまれながら、投資を続けていく意味はないと私は考えます。

しかし、実際には辛そうに投資をしている人は結構多いのです。もしも苦痛を感じているなら、その人がやっているトレードは何かが間違っています。そして、苦痛の原因を探ると、そこにはやはりというか、たいてい「含み損」の存在があります。

含み損を抱えている人は、損切りしなかったことを後悔して、これからどうしようかと常に頭のどこかで悩んでいます。あるいは、もうすっかり諦めていて、日々の株価を見ることすらやめてしまっています。ただただ何もせずに買った株が買値に戻るのを待っているだけなので、まるで敗戦処理の日々です。これでは株式投資が楽しいわけがなく、日々苦痛を感じるのもうなずけます。このようなトレードをしていてはいけません。

儲けられる投資家は、もっと割り切って運用しています。デイトレードはもちろん、中期や長期でも、持っていることに迷いが出たらすぐに損切りしてしまいます。

実際には、中長期のトレードでは一時的に含み損が発生することもありますが、儲ける人は自分の銘柄選択に自信を持ち、しっかりした方針のもとに買っていますから、そこでも気持ちが揺らいだり辛くなったりはしません。ただし、業績が予想と違って悪かったり、何らかの突発的事項が起きてしまったりなど、その株を持っていることに迷いが出た場合には、その時点でスパッと損切りできます。

持ち続けてさらに下がる事態を避けようとスピーディーに損切りという行動に移せるため、苦痛に陥ることがないのです。

どちらの投資家になりたいですか、などと聞くまでもないでしょう。辛くても儲かるというならまだしも、含み損を抱えて苦痛なだけではいいことは何もないのですから。

損切りのルールを徹底すること、そして自信を持って銘柄を選べるようになること、これらは儲けるための基本であると同時に、楽しくトレードするための重要なポイントでもあるのです。

ウィリアム・オニールに学ぶ損切りの重要性

株の損切りがいかに重要で難しいか、どのようなルールに従って損切りをすればよいのかは、日本人トレーダーだけでなく世界のトレーダーにとっても大きな問題です。

「マーケットの魔術師」として知られるアメリカ人の著名投資家ウィリアム・オニールも、そのベストセラー著書『オニールの成長株発掘法』の中で、株式投資で利益を上げる方法と損切りの重要性について語っています。

株式投資で莫大な財産を築いたオニールも、若い頃には損ばかりしてどうにもならなかったといいます。そして、さまざまな検討の結果、「トータルで利益を出せばよい」ということに気付き、自分なりの損切り幅を導き出しました。オニールが立派なのは、自分なりの損切りルールを決めた後は、どんなことがあってもそのルールに従って機械的に損切りを実行した点です。すると、(オニールのルールに従った取引では)3回負けても1回勝てば、トータルではプラスを出せるようになりました。

彼は、5年ほどで大きな資産を作ることに成功し、ニューヨーク証券取引所の会員権を取得。後には、名声を欲しいままにしました。「機械的に損切りをする」、このことがオニールの転機になったのだと私は思います。

オニールが考えて実行した損切りのルールが、そのまま今の日本のトレードに合うかといえば時代も違うため難しいと思います。しかし、ルールを作り、それに基づいてトレードを行い、大きな資産を作ったという先達の考え方、やり方を学ぶことはとても重要です。事実、私の知り合いで株で大儲けしたという人のほぼ全員が、オニールの著書を1冊は読んでいます。オニールの考えは、一般の投資家に受け入れられ、実に多くの投資家に影響を与えたのです。

損切りというものは、表面上は即座に理解できます。損失が膨らまないうちに決済するだけのことに過ぎないからです。しかし、私自身もそうでしたが、損切りの理論を本当に理解して、実践できるようになるまでには何年も時間を必要としました。頭で分かる損切りと、実践できる損切りの間にはギャップがあるということです。

中には、トレードを繰り返しても、一生と言っては言い過ぎかもしれませんが、投資を始めて何年も経っていても損切りができるようにならない人もいます。損切りができるということは儲けられるということですから、「株で儲かっていない」という人が数多くいる以上、損切りを分かっていない、できていない人が多いのは当然といえるでしょう。

オニールの著書から学べることは、損切りの重要性だけはありません。そのほかにも、株式投資で儲けるために重視すべきさまざまな事柄、考え方を知ることができます。『オニールの相場師養成講座』では、彼の基本的な投資方針が紹介されています。

彼の投資方針とは、株価が上昇傾向にあっても成長が見込めるのであれば買うという、いわゆる「グロース投資」です。下げて安くなったときに買おうという「逆張り投資」でも、割安で放置されている株に目をつける「バリュー投資」でもありません。オニールは、株価が上昇トレンドにあるときに買い、さらに、買い増しをするなら下げたとき（押し目）ではなく上がっているときを狙うようにしています。

損切りを一番に考え、あとは株価が上がっている銘柄の中からさらに上昇が見込める株を選択する、これがオニールの投資で、これは私の考えとも合致しています。損切りを真剣に考え、本気で儲けたいと願うなら、機会を見つけてオニールの著書にもぜひ目を通してみてください。

どうしても損切りできない人はトレードの方法を変えよう

ルールを決めて損切りをする、これだけのことがどうしてもできない人がいます。自分で自分をコントロールできない。含み損が膨らんでいると分かっても、売却して損失を確定するという行為に踏み切れない。そして、ますます含み損を大きくしてしまう。

では、どうしたらよいのか。

自分は損切りができないということをしっかり意識して、投資の方法を変えるのが最善の策です。簡単に言うと、損切りをしなくても済むような株だけを買うようにするのです。このように言うと、「何を当たり前のこと」と思うかもしれませんが、実際、買った株が下がって含み損を出しているのですから、その当たり前のことが今までできなかったということにほかなりません。

損切りができない人は、今後はこれまで以上に銘柄の選択を慎重に行うべきです。では、具体的にはどういう条件で銘柄を絞り込んでいけばよいのか。大雑把に言うと、短期的な株価の上昇ではなく、長い時間をかけて着実に上がっていく株を選んでいきます。

例えば、次のような条件に当てはまるような銘柄です。

①日経平均の上昇時にしっかり連動して上がる
②株価の位置が低いもの
③時価総額が比較的大きい
④東証一部銘柄のうち、信用と実績がある企業

⑤展開する事業が今後の日本で必要とされている
⑥今期、来期と業績拡大が見込まれる
⑦きちんと配当を出している
⑧時代が変化しても地に足をつけてやっていける企業

これから東京オリンピックが開催される2020年までは相場全体が上がっていきますから、長期投資であれば日経平均に連動する株を買うのが基本中の基本です。

②の「株価の位置が低いもの」は、買ってからの下げリスクが少ないため、大きな含み損を抱える心配がありません。株価チャートを見て、下値余地が大きくないものを選びましょう。間違っても何十%も急上昇しているような株は選ばないこと。ただし、株価の位置が低くても直近の株価が下落傾向にあるものも選んではいけません。

③〜⑦は、安心して投資できる企業かどうかを見ています。『会社四季報』なども参考にして自分なりに当てはまる銘柄を絞り込んでいきましょう。

とにかく損切りができないのですから、損切りしなくてよい銘柄をじっくりと探していくことです。まずは株価の位置を見て、次に業績や事業内容を確認して、最初から数カ月持続して保有できるような銘柄に狙いを定めてください。

株価の勢いに乗っていく波乗りトレードは、しばらくお預けです。「損切りしなくてよい銘柄」のトレードの中で、トレードのコツが少し分かったと感じられたら、そのときはまた方法を変えていけばよいのです。

第6章

1000万円貯めたら、中長期的に大化けする株ででっかく儲けろ

中長期投資の銘柄の選び方

資金が貯まったら中長期投資に移行する

少ない資金から大きく儲けるには、勢いのある株を選んでデイトレードで利益を積み重ねていくのが最も効率のよい方法です。

元手が20万円しかない人が長期トレードをした場合、1年で50％も上がったとしても利益は10万円、元手は30万円にしか増えません。しかし、日々1％の利益取りでデイトレードを繰り返せば、41回目つまり2カ月後には元手は30万円に達します。そのまま続けていけば、1年後には資金の総額はなんと200万円を超えます。

もちろん、これはあくまで計算上の数字で、実際には半分以上が損切りだったりトントンで終わるケースも多々ありますから、ここまで大きく増えることはないでしょう。しかし、それでも少ない資金で始めるならデイトレードをコツコツやるほうが、長期トレードより資金が増えるということは分かってもらえたはずです。ちなみに、5％取りでは、こちらもあくまで計算上ですが、10回のトレードで元手は30万円を超えてきます。

一方、資金が数百万～1000万円以上貯まったら、中期または長期のトレードに移行したり、デイトレードも続けるものの資金の大半は長期で運用したりという人が多いようです。多額の資金を持っている人がデイトレードをしてはいけない、ということではありません。ただ、資金がたくさんあれば、デイトレード以外にも大きく儲ける方法があり、しかもそれはデイトレードに比べると楽な運用方法であるということを言いたいのです。

例えば、1000万円保有していた場合、先ほどの例と同様に1年で50％上がれば、資金は1500万円になります。保有しているだけで500万円も儲けることが可能です。1銘柄ではリスクが高いと思えば、分散して保有することもできます。1000万円あれば、平均して500円、1単元1000株の優良株を20銘柄保有したり、あるいは2単元ずつ10銘柄を保有したりといったこともできるのです。

次項以降は、中長期のトレードの銘柄選びや投資法について、具体的に説明していきます。中期、長期のトレードでは、一度買ったらある程度の期間、その銘柄を保有するため、デイトレードに負けず劣らず銘柄選びを真剣に行う必要があります。逆に有望な銘柄を選べば、1年で50％どころではなく、2年で3倍、3年で5倍など、まとまった資金をさらに大きく増やすことが期待できるでしょう。

デイトレードが苦手な人、時間的に難しい会社員も、中期投資なら可能

何十回、あるいは100回以上繰り返しても、デイトレードが上達しない人がいます。デイトレードはスポーツ感覚で取り組む必要があり、素早く判断していかないとうまく利益を出せません。2〜7日程度の取引期間があるスイングトレードならもう少し何とかなりそうですが、やはりうまく利益確定や損切りができないという人は結構いるようです。

私は、これまで多くの個人投資家に接してきましたが、実際、短期トレードには向いていない人もいるのです。これは、経験を積んでもどうにもならないことです。

まったく向いていない人が短期トレードにこだわっても、苦しい思いをするだけで儲けることはできません。儲けられなくて、損切りもできない自分を責めるよりは、すっぱり割り切って中期トレーダーに転向することをお勧めします。

また、会社員で時間的な制約から短期トレードが難しい人も、中期トレードなら十分可能です。実際には、スイングトレードであれば、会社員でも出社前にその日の相場を予想

して目当ての銘柄に買いの指値を入れておき、買えたら今度は売値を指値で入れておく、という方法で対応できますが、とはいえ、働き方によってはそれも難しいのかもしれません。

中期トレードの場合は、一言で言うと「突っ込み買いの吹き値売り」が基本です。3～6カ月、あるいはもう少し短めの1～3カ月（ポジショントレードと呼び、短期トレードに分類することもあります）程度で運用します。

日経平均のチャートを見ると分かりますが、1年に数回程度、日経平均は大きく落ち込んで、いわゆる「売られ過ぎ」の状態になることがあります。「突っ込み買い」とは、日経平均の下落に伴い、株価が連動する銘柄が売られ過ぎたとき（押し目）を狙って買うことで、「吹き値売り」は逆に大きく上がったところで売ることです。急上昇ではなくても、ある程度上がったところで売れば、確実に利益を得られるトレード法です。

このトレードは儲けられる確率が高く、一般的な投資家にとっては最もやりやすいものです。重要なことは、決して高値では買わないこと。「突っ込み買い」を徹底することです。もちろん、銘柄も慎重に選択する必要があります。

ただ、短期トレードのように、今、波が来ている銘柄に次々乗っていくわけではないので、いざ「突っ込んだ」というときにすぐ対応できるように、さまざまな銘柄の業績や株価位置、事業内容などを普段からじっくり見ておくようにしてください。

中長期では生き残って大きく伸びる銘柄を厳選する

買った株を中長期で保有して大きく値上がりを待つ場合は、今後数年の全体相場の強さと、何の銘柄に投資するかという銘柄選びの二つが重要になります。全体的な相場観については、2020年の東京オリンピック開催までは強気で推移する可能性が極めて強いでしょう。となると、後は銘柄選びです。

もちろん、今期や来期の業績が好調に推移するのか、株価の位置が高すぎないかといった業績面やチャートの確認は非常に大切です。しかし、長期で持って大きな値上がりを期待するのであれば、その企業が手がける事業――何を作っているのか、どんなサービスを提供しているのか、さらには、将来についてどんなビジョンを持っているのかを知ることも業績面の確認と同じか、それ以上に大切になります。

この1～2年がそれなりに好業績であっても、簡単に参入できるような事業であれば、ライバルが現れて簡単に今の座を奪われてしまうかもしれません。特に、グローバル化が進んだ現在は、海外の企業が参入してくることも考えられます。

また、商品やサービスの流行で、一時的に売り上げが急増しているような企業の株を買っても、中長期で資金を大きく増やすことは到底できないでしょう。

流行で終わるものではなく、これからも確実に生き残っていくものかどうか。そして、他社が真似できないような新しい技術やサービスの開発があるかどうか。長期にわたって投資する場合には、こうした見極めが必要です。

他が追随できない商品の例としては、少し古い話になりますが任天堂が挙げられます。かつて、トランプや花札を作っていた任天堂は、ファミリーコンピュータ（ファミコン）を発売して株価が大化けしました。その当時は、ソフトを入れ替えることで無限にゲームができるゲーム機は世界的にほとんど存在していなかったためです。

最近の例では、富士重工業も独自の技術が大きく評価され、株価が3年弱で500円→4000円と8倍になりました。株価上昇の理由は業績好調もありますが、大きいのは「衝突しない車」（自動ブレーキ機能）の技術開発で、この機能が搭載された乗用車は大ヒットしました。

ほかにも、炭素繊維を扱う東レやiPS細胞の研究を手がける企業、また、一見新しさはありませんが、セイコーの高級時計作りを支える高度な技術、ヤマトホールディングスが提供する宅急便サービスの高い運営ノウハウなども、「他が追随できないもの」として今後再評価される可能性があります。

企業が現在展開している事業やこれから手がけようと表明している事業について、同業他社としてはどんな企業があるのか、他社には真似ができないような技術や商品、サービスなのか、10年後も必要とされ続けているのかなど、『会社四季報』や公式サイト、各種ニュースなどから自分なりに探してみてください。その中に、時代が変わっても生き続け、大きく成長する銘柄が見つかるはずです。

最後に、私が考える「簡単には追随できない成長株」の選択基準です。

・開発されたものが、多くの人に評価され、使われると予想される
・開発されたものが、一定期間は全体収益に影響を与えると予想される
・扱っている製品、サービスが他社には簡単に真似できない

・扱っている製品、サービスが将来にわたって長期間安定して必要とされる
・事業内容が時代の変化に対応していて、うまく流れに乗っていける

割安な銘柄を機械的に売買するだけで倍増以上が狙える

仕事の都合などでデイトレードは難しいけれど、2日〜1週間程度の期間で運用するスイングトレードや、1週間〜1カ月程度のポジショントレードならできそうだという人は、日経225銘柄の取引で上昇を狙うというトレードを試してみてください。

この方法は、過去にはバブル相場といわれた1986〜90年にかけて、日経平均が3倍増になった相場でとても有効だったという実績があります。日経平均は、これから東京オリンピックが開催される2020年までには2倍近くまで上がる可能性がありますから、そう考えるとこれからの相場でも日経225を使ったスイング、もしくはポジショントレードはそれなりに有効な手法だといえるでしょう。

日経平均に採用されている225銘柄の中でも「国際優良銘柄」といわれている銘柄を

買えば、日経平均の上昇に伴い株価は上昇していくことはほぼ間違いありません。このとき大切なのは、日経平均に連動して上がる銘柄を選ぶことです。日経平均と連動する銘柄については、第3章の「20銘柄のデータ取りで、初心者向きデイトレード銘柄が見えてくる」を参照してください。

このように、これから数年はいい株を買って持ち続ければ、当たり前に儲かる相場が続きます。日経225の優良銘柄を今仕込んでおけば、東京オリンピックの頃には2倍くらいになっているかもしれません。ただ、数年かけての資産倍増は投資信託なら大成功といえますが、個人が30年に一度ともいえる大相場で、個別株を取引して得られる利益としては、不満が残ってしまうのではないでしょうか。

そこで私がもっとお勧めしたいのが、日経225の優良株を買って持ち続けるのではなく、大型株・小型株を問わず、有望な銘柄を安値で買ってある程度（目安は20％程度）上げたら利食いする。そして、また安値になったタイミングで買い直して上昇を待って売る、という機械的な売買を繰り返すというトレードです。

この方法では、「安いときに買う」のが重要なポイントです。そのため、まず株価が高くない、割安な銘柄を粗選りする必要があります。ここで使いたいのが「ＲＳＩ」という指標です。この本では、あまりテクニカル指標は使っていませんし、使う必要がないと私は考えていますが、ここでは「ＲＳＩ」だけ覚えて使ってください。

ＲＳＩは「Relative Strength Index」の略で、一言で言うと「現在の株価が上昇と下降のどちらの方向に向いているのか」を見る指標です。ＲＳＩが低ければ売られ過ぎ（＝割安）、高ければ買われ過ぎ（＝割高）と考えて差し支えありません。

大型か小型かを問わず、ＲＳＩが30％以下の銘柄をスクリーニングしたら、あとは業績や事業内容、人気が出そうか、材料があるかといったポイントを、株価チャートと共に確認して、業績が上向きなのに今は売られ過ぎて割安になっているという銘柄を厳選してください。チャートを確認する際は、値動きのよさと出来高も必ず見ること。せっかく下値で買っても、その後、上昇していかなければ意味がありません。

専業トレーダーの中には、さまざまなテクニカル指標を複合して割安な銘柄をスクリーニングするという人が多いのですが、あまりテクニカルで絞り込んでしまうと、逆にこれから上がる銘柄を排除してしまう可能性もあります。この方法で使うテクニカル指標は、ＲＳＩだけで十分です。

この方法では、株価が下値のときに買うことが非常に重要です。ＲＳＩによる絞り込みのほか、定期的に下落と浮上を繰り返しているような株が下値を付けたタイミングを狙うのも効果的です。また、全体相場が大幅下落した際に、一時的に下がったタイミングを狙ってもよいでしょう。

東京五輪に向けては、海外に積極展開していく企業の株が上がる

この本で繰り返し述べているように、2020年の東京オリンピックまでは資金作りの一大チャンスです。これからの数年のような株式投資のチャンスは、この先二度と訪れない可能性すらあると私は考えています。

相場全体が浮上する中、さまざまな業種の株が値上がりしていくと思いますが、その中で特に注目したいのが、「海外」に関わる銘柄です。

一つは、海外からの旅行客増加が収益にプラスになる銘柄です。為替は円安傾向が続き、オリンピックのための環境整備も進んでいきますから、日本にはこれまで以上に海外からの観光客が訪れるでしょう。旅行代理店などの旅行会社、お土産の大量買いなどが見

込まれる小売業、ホテル関連、また海外旅行者向けのサービスなどを提供する企業にも注目が集まるでしょう。

もう一つは、積極的に海外展開している企業です。こちらの株価も力強く上昇していくことが予想できます。具体例を挙げると、2020年に年間5兆円の売上目標を掲げているファーストリテイリングや米国で通信会社を買収するなど海外戦略を強化しているソフトバンク、さらにゲームソフト開発やSNS関連はある程度の規模があれば、その多くが国内に留まることなく、海外に向けた展開を強化していくことが確実です。

また、「海外」というキーワードで考えるとき、「海外投資家（外国人投資家）が狙う銘柄」も、これからの株価の上昇が大いに期待できるでしょう。

外国人投資家は買い入れの規模が多いため、スケールの大きい買いに応えられるような業種の中に大化け株の素地があると考えられます。例えば、銀行、不動産、商社、海運、小売、証券、建設、鉄鋼、セメント、薬品、電機、自動車などです。その業種の中の個別銘柄のみが上がる場合もありますが、大きな資金が投入される場合はジャンルごといっせいに株価が上昇するケースもあります。

これからの数年間、長期で投資する際には「海外」というキーワードを頭の中に常に置いておくことが、大きな儲けにつながります。

複数銘柄への分散投資で、ローリスク・ハイリターンを狙う

デイトレードが、少ない資金からスタートして大儲けできるのは、ハイリスクな銘柄でも狙っていくことでハイリターンを得ているためです。つまり、デイトレードとはハイリスク・ハイリターン戦略なのですが、投資期間を1日に限定して期間を持たないことでリスクを低減しています。

しかし、デイトレードができない場合は、ハイリスクな銘柄を扱うことは避けたほうが無難です。新興市場銘柄などハイリターンを狙える一方でリスクも高い銘柄は、長期で保有すると株価が半値、3分の1になってしまうことも珍しくはありません。

デイトレード、スイングトレードなど短期トレードは難しいが、とにかく資金を増やしたい、ハイリターンを狙いたいという人にお勧めの取引手法の一つが、複数銘柄への分散投資です。比較的ローリスクな銘柄を複数保有して、長期で上がるのを待てばいいいだけで

す。この方法も、1980年代後半からのバブル期に試して、大きく資産が増えた人が数多くいますから、今後相場全体が上がる局面では有効です。

比較的ローリスクな銘柄とは、次のような条件を満たすものです。

・株価が低位、中低位（1000円以下が目安）
・今後、業績が好転されると予想される
・倒産リスクが極端に小さいもの
・夢のある事業を扱っているもの
・歴史、規模などで信用度が高いもの
・日経平均に連動する傾向があるもの

条件として挙げた6項目の中で、倒産リスクが低いものとは、自己資本比率や流動資産を流動負債で割った流動比率から判断します。どちらも、数値が高いほうが倒産リスクは低いといえます。また、日経平均に連動してしっかり上がる銘柄かどうかは、過去のチャートを見て判断するとよいでしょう。

資金量にもよりますが、この投資法ではできるだけ多くの銘柄を仕込むのがポイントです。できれば20銘柄以上、難しければ最低でも10銘柄は必要です。銘柄による保有株数には差をつけず、できるだけバランスよく分散投資します。

倒産リスクの低い銘柄を分散して保有するこの方法が、ローリスクであることは分かると思いますが、なぜハイリターンを目指せるのか。それは、日経平均が上昇する相場では、ほとんどの銘柄が上がる可能性があるからです。言い方を変えれば、ミニバブルが発生する可能性があるのです。しかも、銘柄数が多ければ、その中から「大化けする株」もいくつか出てくる可能性があり、そこで日経平均の上昇を上回る大きな投資成果が期待できるというわけです。

例えば、前述の条件を満たす低位株を10銘柄仕込んだとします。倒産リスクが少ない銘柄を選択することは重要ですが、仮にそのうちの2銘柄が倒産しても、残りの8銘柄の株価が上昇すれば、倒産した2本分の損失は埋められる可能性が高いでしょう。あるジャンルだけが沈み込むということもありますから、投資先のジャンルは分散させておくのが鉄則です。このように、分散して投資することで長い期間保有しても、中に倒産する銘柄があったとしても、全体ではリスクを低く抑えることができるのです。

ただし、この方法ではある程度の資金が必要になります。もし、平均180円の株を10銘柄、2000株ずつ保有したとすれば、投資額の合計は360万円になります。

では、実際にどの程度の利益が見込めるのでしょうか。もし、1年間で1銘柄平均40円上昇すれば、10本の利益の総額は80万円です。中には100円以上値上がりする銘柄もあるかもしれませんし、ある程度の相場になればトータルで100万～200万円以上の利益が出るケースも考えられます。

この投資法で、より大きな値上がりを狙うなら、条件にも挙げたようにできるだけ「低位株」を選ぶとよいでしょう。低位株はもともとの株価が低いため、株価が倍増する可能性が相対的に高くなるためです。そして、東京オリンピックが開催される2020年までに低位株が倍増する可能性は、非常に高いと私は考えています。そのため、株価が安い銘柄を数多く仕込む、この投資法は今やってこそ意味があるのです。

図表15　分散投資で買っておきたい候補株の一例

銘柄名	コード	株価
三井住友建設	1821	158円
双日	2768	171円
東洋紡	3101	167円
昭和電工	4004	151円
日本カーバイド工業	4064	226円
保土谷化学工業	4112	196円
宇部興産	4208	187円
日本板硝子	5202	110円
日本山村硝子	5210	169円
日本カーボン	5302	254円
日本軽金属ホールディングス	5703	175円
兼松	8020	169円
みずほフィナンシャルグループ	8411	199.9円
ANAホールディングス	9202	314.2円
KNT-CTホールディングス	9726	158円

※株価は2015年2月10日終値

※一部の銘柄については、「中長期トレードで株価倍増も夢じゃない銘柄50本」に詳しい情報を掲載しています。

「自分ファンド」を作って大きく儲ける

資金力があるという前提で、長期トレード向けの運用方法をもう一つ説明します。この方法も、複数の銘柄を買って1〜3年以上保有し続けるというものです。

利益がある程度の金額になるまでには若干時間がかかりますが、買った後は問題のある株が出てきていないかなどのメンテナンスだけですから、頻繁にトレードする時間が取れないという人にも向いています。言わば、自分で自分のために作った小さな投資信託（ファンド）という感覚です。

まず、実例を見てください。図表16の17銘柄は、私が運営する投資顧問サービスで2013年2月に「（その時点で）数年後の株価上昇が期待できる銘柄」として実際に紹介したものです。このときは、「株価が500円以下、配当が10円以上、PER（株価収益率）が30倍以下」という三つの条件を満たし、さらにその中からジャンルを分散させて、業績も好調という銘柄をピックアップしています。

「自分ファンド」とは、例えばこのような銘柄のセットです。

では、実際に株価は上昇したのでしょうか。同じ表の中に1年9カ月後の株価と、その時点で売却した場合の利益も記載していますが、1銘柄を除いてすべて上昇しました。1株あたりの利益の総額は、2986円。この17銘柄はいずれも1000株単位ですから、1000株投資した場合の利益は298万6000円です。なお、投資金額は17銘柄の総額で、675万4000円かかりました。

13年2月はアベノミクス真っ最中で、その後13年の5月下旬までは一本調子で日経平均は上がり続けました。その後は世界情勢の影響を受けて大きく下落するなど波乱もありましたが、全体では1年9カ月で44%上昇したわけで、長期投資で大きく儲けたいと考えている人にとっては悪くない結果の証明といえるでしょう。今後も、全体相場が上昇していく局面が続きますから、同じように「自分ファンド」を作って保有すれば、じっくり大きく資産を増やしていける可能性は極めて高いと考えます。

では、「自分ファンド」の銘柄選びの方法を、順を追って改めて説明します。

まず、この条件をすべて満たす銘柄を絞り込みます。

図表16　2013年2月に設定した「自分ファンド」の例

銘柄名	コード	株価 （13年2月）	株価 （14年11月）	1株あたり の利益
三機工業	1961	482円	455円	-27円
日清オイリオグループ	2602	328円	393円	65円
東亞合成	4045	369円	481円	112円
三洋化成工業	4471	498円	721円	223円
高圧ガス工業	4097	492円	581円	89円
ニチアス	5393	472円	679円	207円
シンニッタン	6319	386円	542円	156円
アネスト岩田	6381	375円	793円	418円
京三製作所	6742	291円	354円	63円
三共生興	8018	322円	431円	109円
第一実業	8059	431円	558円	127円
東京産業	8070	279円	449円	170円
三愛石油	8097	391円	789円	398円
りそなホールディングス	8308	426円	641円	215円
ジャックス	8584	421円	558円	137円
空港施設	8864	457円	736円	279円
ミロク情報サービス	9928	334円	579円	245円

・株価が500円以下（低位株のほうが上がりやすい）
・配当が10円以上（配当がある銘柄は安心度が高い）
・PERが30倍以下（株価が利益に対して極端に高過ぎない）

このときに、銘柄が多く挙がり過ぎるようであれば、「株価を300円以下」＋「配当を5円以上」のように、株価を下げて配当の基準を引き上げても構いません。

スクリーニングした銘柄を、さらに次のようなポイントで絞り込んでいきます。

・来期以降の業績予想が好調
・流動性が低い（出来高が少ない）銘柄は除外
・業績、不祥事など問題のある企業は除外

あとは、ジャンルをある程度分散させることを意識しながら、10〜15本程度に絞り込めば「自分ファンド」の完成です。このとき、自分の好みで銘柄を選び過ぎないようにしてください。好みが反映されると、銘柄が偏ってしまうためです。

図表17 「自分ファンド」づくりに向く銘柄の例

銘柄名	コード	株価
東亜建設工業	1885	204円
日本駐車場開発	2353	132円
芦森工業	3526	168円
東海染工	3577	123円
ティー・ワイ・オー	4358	171円
黒崎播磨	5352	240円
新日鐵住金	5401	295.8円
合同製鐵	5410	190円
古河機械金属	5715	203円
日本ピストンリング	6461	248円
シンフォニアテクノロジー	6507	196円
沖電気工業	6703	247円
トピー工業	7231	307円
市光工業	7244	239円
リズム時計工業	7769	156円
フランスベッドホールディングス	7840	183円
すてきナイスグループ	8089	191円
昭光通商	8090	151円
ニチモウ	8091	197円
日本郵船	9101	332円

※株価は2015年2月10日終値

※一部の銘柄については、「中長期トレードで株価倍増も夢じゃない銘柄50本」に詳しい情報を掲載しています。

最後に、一銘柄ごとの買い方ですが、「基本はなるべく均等に買う」「配当利回りが高い銘柄はやや割合を多めにする」の2点がポイントです。

「自分ファンド」は多少の株価の変動では売らず、1年から数年程度持ち続けて大きく上昇するのを待ちます。ただし、例えば大きな不祥事などがあった場合は、当然ですがその銘柄は早めに損切りしてください。

中長期投資でも損切りして乗り換えることは有効

中長期の場合は、短期トレードほど損切りを気にしなくてもいい、と思っている人がいます。「もともと長期で持つつもりなのだから、一時的に多少下がっても戻るのを待っていればいい」という理屈です。しかし、それは単なる言い訳で、実は損切りをしたくないだけという場合が多いようです。

確かに、長期保有なら、たいがいのものはいずれ上がるでしょう。けれども、下がったときの戻りが遅いような株を高値で買ってしまい、再び上がるまでずっと持ち続けているというのは、投資効率から考えると非常にもったいないことをしています。

ほかにいくらでも上がりそうな銘柄があって、実際に上がっているという相場であれば、単純に乗り換えて日経225の採用銘柄でも仕込んでおけば、損切りで確定した損失を考慮しても、いつになるか分からない戻りを待っているよりはよほど儲かるはずです。

高値買いして戻りを延々と待っている投資家は、投資に対する考え方を抜本的に改める必要があります。

まず、中長期でも損切りを徹底すること。全体相場が下落した際の、本当に一時的な下げ以外は、戻りを待たずに損失を確定するように心がけてください。特に、新興市場の銘柄を買ってしまい含み損を抱えている場合は、ひと相場終わって高値から半値くらいまで下げてしまうと、戻りに1年以上かかるケースもあるので、持ち続けるのは厳禁です。

そして、次からは買う際にもっと慎重に銘柄を選ぶこと。上げが持続するような株だけを買えば、安心して持ち続けることができます。

そうした銘柄を選ぶ際のポイントは次の三つです。

①株価が低い銘柄（低位株、中低位株）を狙う…目安は株価1000円以下

②円安メリットのある国際優良株を狙う…中期的には円安が進むため
③業績拡大が期待できる材料を持つ株を狙う

これらの条件を満たす銘柄なら、業績も株価も中長期的に右肩上がりのトレンドが続くことが期待できます。

例えば、東レのように炭素繊維という将来に期待が持てる材料があり、海外での売り上げも伸びているような銘柄です。東レの株価は、5年前には500円程度でしたが、その後、600円、800円、900円と上がり続けていて、将来的には1500円を超えてくるでしょう。

こうした銘柄であれば、全体相場の影響などで一時的に多少下がったとしても、問題はありません。

つまり、将来日経平均が3万5000円になり、為替が1ドル150円になるようなときに、どんな銘柄が買われるのかを予想しながら、買値を上回って上がる確率が高い株だけに狙いを定めて買うという投資が正解です。逆に、それには当てはまらない銘柄で、今含み損を抱えているのであれば、早めに損切りすることを強く勧めます。

図表18　中長期で保有しておきたい候補株の一例

銘柄名	コード	株価
鉄建建設	1815	429円
東急不動産ホールディングス	3289	755円
帝人	3401	390円
東レ	3402	986.7円
住友大阪セメント	5232	359円
古河電気工業	5801	206円
日立製作所	6501	792円
日本電気	6701	328円
富士通	6702	730.6円
日産自動車	7201	1104.5円
トヨタ自動車	7203	7713円
伊藤忠商事	8001	1288.5円
丸紅	8002	703.8円
三菱商事	8058	2207.5円
髙島屋	8233	1054円
新生銀行	8303	212円
りそなホールディングス	8308	634.9円
三菱UFJフィナンシャル・グループ	8306	683.3円
野村ホールディングス	8604	648.1円
大京	8840	167円

※株価は2015年2月10日終値

※一部の銘柄については、「中長期トレードで株価倍増も夢じゃない銘柄50本」に詳しい情報を掲載しています。

図表18で紹介する20本は、私の目から見て前述の三つのポイントを満たす、中長期で持ち続けていい銘柄です。これらの銘柄をそのまま買うのではなく、これを参考に自分自身でも長期保有で株価がどんどん上がる銘柄を50~100本程度、ピックアップしてみてください。

急落した銘柄で儲けを狙うときの見極め方

株価は、さまざまな要因で下がります。相場全体が下がって、特に個別の原因がなく下がることもありますが、その銘柄固有の要因で下がるケースも数多くあります。例えば、業績の下方修正や悪材料が出た場合、粉飾決算や製品の不良、情報漏えい問題、経営陣や従業員の犯罪や不祥事など。ときには、事実無根の噂を流されて株価が下がってしまうことすらあります。

株価が下がるだけならまだマシです。下落の原因となった事柄が重大なものであれば、場合によっては会社が破綻してしまうこともあります。過去には、粉飾決算や不祥事が引き金となって、上場廃止にまで至り、買った株が暴落どころかいわゆる「紙屑」になってしまうケースもありました。例えば、東日本大震災で原発事故を引き起こした東京電力は、上場廃止にこそなっていませんが、株価は2000円台から一時期は10分の1となる200円台まで下落しました。

しかし、大きく下落あるいは急落した株をあえて買って、儲けを狙うというトレード手法も存在しています。多くの場合、急落する銘柄は「売られ過ぎ」といわれる水準まで売られるので、そこから戻るときに儲けが期待できるためです。

ただし、急落したらどんな銘柄でも買っておいて戻りを狙うのがいいのかというと、そういうことはまったくありません。普通の株を買うとき以上に、慎重に今後の可能性を見極める必要があります。

業績悪化による株価急落の場合は、今後どのように業績を回復させていく予定なのかを確認しましょう。例えば、企業のＩＲサイトで公開されているアナリスト向けの決算説明会や中期経営計画の資料などを見て、納得できる説明があるのかないのか。いつ頃、どのような要因で業績回復をさせる見込みなのかなどが重要です。

一方、大きな悪材料が出たり不祥事が発生したりという場合は、まず上場廃止の可能性と企業が破綻する可能性を検討します。上場廃止や企業破綻がありそうならば、リスクが高過ぎるので株価がどんなに安くなったとしても買うべきではありません。

上場廃止や企業破綻にはならない場合は、悪材料や不祥事が企業に与えるダメージがどの程度のものなのか、中でも今後の収益に与える影響を予想します。例えば、工場の火災で一時的に生産が落ち込み、さらに工場再稼働に向けた設備投資が必要になります。また、情報漏れや特許侵害などの場合は、多額の賠償金が発生するケースもありますので、数年にわたって業績に影響する可能性もあります。正確な予想はもちろん不可能ですが、影響の規模を考えないと、その株を買えるか買えないかの判断ができません。考えるくせを付けましょう。

企業破綻はせず、上場も維持されるのであれば、悪材料が株価に織り込まれたとき、あるいは暴落して投げ売りが尽きたところが、「絶好の買い場」になる可能性があります。危機を乗り越えて復活できるような企業だと判断できれば、押し目を狙っていくとよいでしょう。過去には、最悪の事態を通過して、復活を遂げて、株価が倍返しとなったような銘柄はいくらでもあります。ただし、復活に時間がかかると見られる場合は、株価が戻るまでかなりの時間を要する場合もあります。

危機を乗り越えて復活できる企業とはどんな企業なのか。もちろん、危機の内容や事の重大さによりますが、歴史があって社会貢献度の大きい企業や、売上規模が大きく社会に必要とされている企業、独自の技術や優れた製品を持っている企業であれば、今後の復活に期待が持てます。

また、不祥事や事故が起きた際の、経営者の姿勢や対応も見ておきましょう。誠実な対応で将来の見通しや方向性をはっきり出してくるようなら不祥事からの復活、企業の再建もスムーズに進み、株価の戻りを後押しするかもしれません。

最後に重要なのが、買い方です。急落から復活が見込まれる銘柄は、一発買い、つまり一度に大きく買うのではなく、大暴落して売りがピークを過ぎた頃から買い下がっていく方法が有効です。

例えば、1200円の株が300円まで急落してどうやら売りのピークは過ぎたと見たら、300円で少し買って、その後、もし270円や250円に下がっても買い増しするという気持ちで臨みます。ただし、売りがピークを過ぎるまでは、決して買い急がないこと。

中長期トレードで株価倍増も夢じゃない銘柄50本

■株主還元に対する姿勢が前向き

伊藤忠テクノソリューションズ（**4739**）　2482円

伊藤忠系のシステムインテグレータで、特に通信事業者向けが主力。足元では、ハイブリッドクラウド運用サービスの販売が好調。システムの保守サービスやクラウドサービスを提供している顧客を中心に、今後3年間で10億円の売り上げを目指すとしています。15年3月期は増収増益予想で、業績も堅調です。

また、積極的な自社株買いや配当性向40％を目安とする配当の実施など、株主還元に対して前向きな点も評価できるでしょう。

■「国策に売りなし」で、株価は上昇へ

岩谷産業（**8088**）　756円

エネルギー事業と産業ガス事業が柱。次世代エコカーの本命とされる燃料電池車の普及は「国策」と言えるほどで、官民一致の思惑が見え隠れしています。水素を扱い、水素ステーションの設置を進める同社も、関連銘柄として注目できるでしょう。

関連銘柄は多数ありますが、株価水準の出遅れ感や過去の相場実績から考えると、最も「伸びしろ」が大きくなりそうで、短期・中期・長期のいずれも期待できます。

■訪日外国人の増加で業績好調

ANAホールディングス（9202） 318・9円

国内線旅客数のシェアは業界トップ。羽田空港発着の国際線の拡充や東南アジアからの訪日客のビザの発給要件の緩和もプラスに働き、足元の業績は好調。16年3月期には営業利益を1000億円台に乗せると見られています。今後も訪日外国人は増加する見通しで、同社も中期的な成長が見込めるでしょう。

株価は高値更新中ですが、将来性を考えればまだまだ安値圏。目標株価は中期的には350円、長期なら500円も期待できます。

■個人投資家にもファンドにも人気の銘柄

ＮＴＴ（９４３２）　７３１６円

国内通信最大手。数兆円事業とも言われているＭＶＮＯ（仮想移動体通信事業者）のインフラの中心には同社がいるため、経済好転に伴って今後は業績が上向いていくと予想されます。また、開発研究や海外企業とのＭ＆Ａなどに積極的な点も評価できるでしょう。

株価は、２～３年後には１万円相場の期待も。高配当狙いで個人投資家に人気があり、海外投資家や国内ファンドの注目度も高い。調整場面ではしっかり買っておきたい銘柄です。

■業績底打ちで中期的な成長期待

エフ・シー・シー（７２９６）　１９４８円

ホンダ系のクラッチ専業メーカー。現在は世界10カ国14カ所に生産拠点があり、海外展開に積極的です。15年3月期の営業利益は3割近い減益で、足元の業績は芳しくありません。しかし、先行費用がかさんだ海外拠点の拡充が進むことと、円安効果による利益の押し上げで、今後は収益の改善が予想されます。

収益改善に伴い、株価はまずは13年高値の2600円台、さらに中期的には07年につけた3000円台を目指す動きとなりそうです。

■中国関連で大化け期待の株

沖電気工業（6703）　244円

日本初の電子通信機器メーカー。現在は電子通信、情報処理、ソフトウエアの製造・販売など多岐に事業を展開。15年3月期は、情報通信システム事業が好調に推移、プリンタ事業も上位機種の販売が順調で、業績予想を上方修正済み。財務の改善も進んでいて、7年間の無配を経て14年3月期には3円の復配、15年3月期は1円の増配を予定しています。目標株価はまずは320円。中長期では500円と株価倍増も期待できるでしょう。

■株価はさらなる高みを目指す動きに

オリンパス（7733）　4060円

軟式内視鏡が現在の収益の柱。11年には巨額損失隠しで株価が急落しましたが、圧倒的な競争力を持つ内視鏡事業は順調で、カメラ事業も立て直し中。「利益を出し続けられる企業」として、今後も市場から評価を受けることは確実と考えられます。円安によるメリットが受けられる企業であることも、円安傾向が続く中では評価できます。社名の由来であるオリュンポス山のごとく、株価はさらなる「高み」を目指すことが予想されます。

■切り口が豊富で、注目度が高い

川崎重工業（７０１２）　５４９円

航空宇宙事業や船舶海洋事業、新幹線の車両事業などを展開。航空機産業は、文科省が現在比の10倍に育成すると提言していて、市場の拡大で同社にも大きなメリットがありそうです。また、高度な技術が必要な液化水素の輸送船舶の製造や、燃料電池車の普及拡大など、豊富なテーマに絡んでいる点も注目できます。円安メリットもあり、収益力のさらなる向上も期待できそうです。今後も株価の上昇が続く可能性は高いでしょう。

■独自技術を生かすニッチ製品に強み

クラレ（３４０５）　１５２０円

高分子・合成技術をベースにした高機能繊維などを製造。ニッチな製品に強みがあり、シェア8割を誇る液晶パネル用光学フィルムなど8つの製品で世界シェア1位。今後は、北米市場の販売を拡大し、売上高海外比率を現在の55%から17年12月期には68%まで高める方針。17年12月期の営業利益は、15年12月期の55%増を目指します。同社は、利益に対する配当割の目標を35%以上としていて、株主還元に積極的な点も評価できるでしょう。

■待機児童の解消の流れで恩恵を受ける

JPホールディングス（**2749**）　396円

保育サービス大手。保育所と幼稚園の機能を兼ね備える「認定こども園」の立ち上げを支援する事業も、全国規模で展開中。待機児童の解消は国の重要課題と位置付けられていて、関連業種は幅広く恩恵を享受すると見込まれます。同社の活躍余地も、今後より高まっていくと思われます。増収増益と増配基調が継続中で、16年3月期もさらなる業績拡大と増配の可能性大です。業績拡大に伴って、株価上昇への期待も続くでしょう。

■過去のイメージ刷新、大変化を期待

新生銀行（**8303**）　215円

旧長銀が前身ですが、破綻のイメージはすでに過去のもの。現在は、ネット銀行としても一定の地位にあり、業績も上向きとなっています。今後は、消費者金融事業の拡大や、他のネット銀行との差別化を鮮明にしていければ高成長が期待できるでしょう。

株価は、300円突破から350円程度まで期待ができます。ただ、株価が浮上するにはかなりの時間がかかるかもしれません。安いところはしっかり狙っていきましょう。

■円安効果による利益拡大の可能性

新日鐵住金（5401） 294・2円

12年10月に住友金属と合併、鉄鉱石を原料として鉄鋼製品を生産する高炉メーカーで、粗鋼生産規模は国内トップ、世界でもトップクラス。グローバル化にも積極的で、自動車生産の拡大が見込まれる海外需要に加え、円安効果からの収益拡大が期待できます。

業績に応じた利益配分が基本で、株主重視の姿勢も評価されそう。目標株価は、まず400円、次なる展開では500円、さらに長期ではもっと高値を目指す可能性もあります。

■収益様変わりで株価水準も訂正へ

SCREENホールディングス（7735）　742円

半導体洗浄装置のトップメーカー。有力大手企業との緊密な関係で、事業基盤は一段と強化されつつあるようです。現在の収益水準は高いとは言えませんが、足元では受注改善が進んでいて、構造改革との相乗効果で、業績は今後大きく伸長する可能性があります。15年1～2月の株価は、11年3月の高値888円に迫りつつあります。今後は、リーマン・ショック後の上げ幅779円を12年10月の安値に上乗せした、1140円程度を目指すと考えます。

■需要拡大期待、大成長の可能性秘める

住友大阪セメント（5232）　353円

国内セメント大手で、販売量は国内第3位。セメントは、災害復興需要、東京オリンピック特需、公共投資の増加、さらにはマンション建設の拡大、全国的な耐震補強の需要増と、需要に供給が追い付かない時代になりつつあります。同社は非セメント事業にも力を入れていますが、売上高の約8割はセメント事業で、業績拡大への展望は明るいと言えるでしょう。

株価は、2015年中には1500円高狙いで、2年計画では株価倍増も期待できます。

■市場予想を上回る大幅増益に期待

住友重機械工業(6302) 679円

総合重機メーカー大手。15年3月期は、精密機械・建設機械の利益率改善に加え、円安進行も追い風となり、大幅増益の見込み。16年3月期以降も営業増益が続くと見られています。また、17年3月期を最終年度とする中期経営計画の数値目標である営業利益525億円は1年前倒しでの達成がありそうです。

株価は、大幅増益に見合った動きを期待。まずは800円を狙い、中期的には4桁1000円超えの可能性も高いといえるでしょう。

■海外旅行者の日本土産として伸びる可能性

セイコーホールディングス(8050) 589円

時計の老舗メーカー。その歴史や実績は誰もが認めるところで、特に高い技術はすぐに他社が真似できるものではなく、今後とも世界の時計愛好家から評価され続けるでしょう。海外からの旅行者の増加に伴い、セイコーの時計を土産として買う人が増えることは確実で、今後の業績にも期待が持てます。

株価は、これから800円突破、さらには1000円相場もありそうです。長期では、東京オリンピック前までの倍増も視野に入るでしょう。

■日商岩井とニチメンが母体の低位商社株

双日（2768） 171円

老舗商社の日商岩井とニチメンが、2003年に合併して誕生。15年3月期は、強みを持つ航空機関連事業が堅調で、エネルギー・金属も概ね順調なことから増収増益を達成する見込み。また、「中期経営計画2014」の新規投融資の収益への寄与は来期から本格化、中期的に増益が続くと予想されます。

株価は低位で、買いやすい水準。100円台なら迷わず買っておきたい。まずは、250円程度までの上昇が期待できそうです。

■復活を狙うマンション業界の実力者

大京（8840） 169円

分譲マンション大手。『ライオンズマンション』は、知名度、実績共にトップクラス。15年3月期は最終利益が減益予想で、株価は低迷が続いています。しかし、今後は不動産事業活発化の政策が出て、マンション販売は上向きになることが予想されます。収益の急回復はないものの、株価の位置は安く、建設や不動産が上向きになれば、同社の安さが目立つはず。長期では倍増が狙えますから、安値は絶好の仕込み場と言えるでしょう。

■大幅な利益回復期待で一段の水準訂正へ

DIC（4631） 292円

インキ業界で世界トップ、樹脂や電子材料などにも事業を展開。2014年12月期はインキ需要の低迷などで利益面でやや苦戦したものの、スマホ向けデジタル顔料やPPS関連事業の伸びなどで2015年12月期は一転、急浮上が予想されています。この大幅なリバウンドにより、純利益は2008年3月期に記録した過去最高にほぼ並ぶ見通しとなっています。

大幅な利益回復の期待がある今、株はまたとない仕込みの好機と考えられるでしょう。

■株価は調整完了、捲土重来を期す

デジタルガレージ（４８１９）　１７８６円

オンライン決済やネット広告などの事業を展開。中期的な成長ドライバーと期待する投資育成事業では、有望ベンチャー企業が複数上場し、予想を上回る株式売却益を獲得。15年6月期の経常利益は、４期連続で過去最高益を更新の見通し。同社の業績予想は保守的なため、さらに上振れる可能性もあります。

14年は年間を通じて冴えない株価動向でしたが、業績の拡大に伴い、15年以降は株価の巻き返しが期待されるでしょう。

■国策に沿ったテーマ株として期待

鉄建建設（１８１５）　４４１円

主な事業は土木・建築、その他建設工事で、不動産事業も展開。特に、鉄道、道路に強みがあります。筆頭株主はＪＲ東日本。足元の業績は順調で、15年3月期を最終年度とする中期経営計画の数値を上回って達成の見通し。

国策に沿ったテーマ株ですから、年単位で保有して長期で値上がりを狙う人向け。安くなったときに買い集めておけば、数年で化ける可能性あり。目標株価は15年が650円、16年は850円も視野に入るでしょう。

■過去最高益更新で株価も値上がり必至

テレビ東京ホールディングス（9413）　2238円

独自の番組で人気上昇中のテレビ東京。国内の景気回復や企業の景況感の改善傾向を背景にスポット広告なども増加し、業績の拡大が続いています。15年3月期には過去最高益を更新、さらに16年3月期以降も高い業績変化が見込まれています。

今後も景気回復が続くとすれば、経済専門紙の日本経済新聞社と密接なつながりのある同社だけに、業績拡大と共に株価も値上がり必至と考えて大きな間違いはないでしょう。

■大規模な再開発計画で利益拡大

東急不動産ホールディングス（3289）　770円

東京・渋谷エリア主体の大規模な再開発計画を推進中。さらに、数寄屋橋交差点にも大型商業施設を15年度中に開業の予定。渋谷の再開発をテコに、連結営業利益を21年3月期には現在の1・6倍まで引き上げる計画です。

今後も脱デフレ政策が続く可能性は高く、同社も含めた不動産関連は、引き続き上昇基調が続くでしょう。同社株価については、持ち株会社設立時につけた高値1000円を再度超えてくると期待できます。

■都心物件に強みを持つ総合不動産

東京建物（**8804**）　858円

総合不動産業を展開していて、特に都心物件に強みがあります。都心物件で完売が多く、例えば湾岸地区のオリンピック選手村近辺にできる有明マンションは、完成前に余裕の完売となりました。今後も販売計画の見通しは明るく、業績は上向きです。

株価は、2～3年先には2000円突破も十分期待できます。レーティングで、野村證券やゴールドマン・サックスなどが強気の評価をしている点もプラスの材料といえるでしょう。

■米景気の拡大で大きな変化を夢見る株

東洋ゴム工業（5105） 2418円

タイヤ大手の一角。米国では景気回復と原油安が同時進行で、自動車販売は絶好調。それに伴い、同社の大型タイヤの販売も好調。15年12月期についても、連続増収増益で過去最高を更新する見通し。

株価は大きく上昇していますが、利益から見た株価にはまだ割安感があります。好業績銘柄を物色する投資資金に支えられ、底堅い動きを予想。近い将来には、バブル時代の過去最高値更新を達成しそうです。

■低位株から30年ぶりの大化け候補へ

トピー工業（7231） 288円

自動車用ホイールやブルドーザー、パワーショベルといった建設機械の足回り部品などを素材から一貫生産。国内インフラの老朽化対策や、海外からの旅行客増加を受けてのインフラ整備の必要などで、建設機械も需要拡大が期待され、同社にとっては追い風です。

株価は2015年に入って上昇していますが、資産価値から見るとまだまだ割安で、下値抵抗力も強い。株価の目安は、半年で100円高狙い、2～3年では倍増も狙えるでしょう。

■円安効果による利益拡大で飛躍を期待

トヨタ自動車（7203） 7851円

自動車メーカーで世界首位。15年3月期のグローバル販売台数は、北米・欧州で数字を引き上げる一方、需要の回復が鈍いアジアなどでは逆に台数を引き下げました。ただ、円安効果や原価低減などで連結営業利益予想は上方修正していて、過去最高益を更新の見込み。円安の寄与分も大きく、今後も円安が続けば業績、株価共に飛躍が期待できます。当面の目標株価は1万円、2～3年持つのであれば1万8000円も見えてくるでしょう。

■後発医薬品の促進後も高成長を期待

日医工（4541） 2234円

後発医薬品大手。高齢化が進む中、医療費抑制は重要な課題で、今後も後発薬の急速な普及が進むと考えられます。同社は、新薬と比較した効果を慎重視していた大病院などからも選好されやすく、株式市場においても「選ばれる後発薬メーカー」として再評価される局面が訪れる可能性は高いでしょう。18年以降は特許切れを迎える大型新薬が減少しますが、今から新たな収益柱を育てる取り組みを進めている点も評価できます。

■2期連続の過去最高益を達成か

日東電工（6988） 7582円

テープ基幹の総合材料メーカー。ニッチ商品でも知られています。業績には安定感があり、主力の液晶用偏光板の伸びが続くほか、タッチパネル用フィルムも中国メーカー向けに堅調で15年3月期の純利益は4期ぶりに過去最高を更新の見込み。続く2016年3月期も、2期連続の最高益更新が期待されます。

株価は、世界的に景気が拡大していた06年に記録した1万円台を回復する可能性があり、さらに一段高の展開も続きそうです。

■復活相場で大きく狙う、優れものの低位株

日本板硝子（５２０２）　１１２円

建築用・自動車用などのガラスメーカー。15年3月期は、前期の赤字から黒字への転換を予想。さらに、アベノミクス経済による自動車や建設向けの需要拡大で、今までの赤字体質からの脱却が期待されています。

株価は14年10月の安値からの出直り局面にあり、今が絶好の仕込み場といえるでしょう。１年後の目標は１５０円、２年後の目標は２７０円狙い。さらに、うまくヒットすれば数年後の株価は3倍高の可能性もありそうです。

■下げたところを狙って仕込みたい

日本軽金属ホールディングス（５７０３）　１７４円

グループ内で、素材から加工品までアルミ製品を総合的に手がけています。15年3月期はアルミナ・化成品の販売数量増で上期の予想を上方修正するなど、業績は好調です。16年3月期を目途に、企業体質の強化を図っていて、課題事業の収益力の回復に注力中。

この株は人気となっているときより、調整場面が狙いどころ。１８０円以下から１６０

円の間は絶好の仕込みゾーン。予想配当は4円と高利回りで、長期保有にも適しています。

■16年3月期以降に大幅上昇の可能性

日本コンクリート工業（5269）　502円

ポールやパイルなどのコンクリート製品を手がける。東京外環道のトンネル工事やリニア中央新幹線の整備に向けた工事など、市場規模は約8000億円程度の大規模プロジェクトが今後動き出す予定で、約10％のシェアを持つ同社の場合、年間売上高で約80億円程度を押し上げる効果が期待できます。

そのため、16年3月期以降の大幅増益を織り込む局面では、株価の割安感に注目が集まり、猛烈な買いが入る可能性もあります。

■今期・来期共に好調で評価も上がる

日本電気（6701）　331円

通信インフラ設備大手。15年3月期の営業利益は前期比13％増の1200億円を予想。同社は、16年3月期を最終年とする中期経営計画を策定中で、営業利益は15年3月期予想の25％増となる1500億円を目指しています。

株価は出遅れ色が強く、350円以下では段階的に買いを入れたいところ。富士通や沖電気などの浮上と共に、同社もしっかり買われそうです。実績や将来性から見て、中期なら450円、長期では600円も狙える銘柄です。

■業績好転で出遅れ修正で化けそうな株

日本ピストンリング（6461） 244円

トヨタ系の自動車部品メーカーで、ピストンリング大手。トヨタをはじめ、国内外の主たる自動車メーカーに製品を供給。15年3月期は大幅な増益を予想。トヨタの増益効果に円安効果もプラスされ、同社の業績もさらなる拡大が期待できそうです。

利益面から見ても、資産価値から見ても、現在の株価は割安。15年夏くらいまでの株価の目標は320円、さらに長期では500円を目指す相場も夢ではないでしょう。

■5カ年計画で大幅な業績拡大を見込む

日本郵船（9101） 339円

コンテナ船や自動車船、石炭、鉄鉱石を運ぶドライバルカーなど、世界でも大規模な船隊を持つ海運大手。16年3月期はコンテナ船の輸送量増加と、注力している海洋事業の収益への寄与などにより、増収増益が予想されます。15年3月期にスタートした5カ年計画では、17年3月期には営業利益1000億円（15年3月期予想588億円）を見込んでいます。

株価は水準を切り上げつつ上昇する展開へ。目標は中期では400円、長期なら600円です。

■電力小売り自由化が追い風に

日本ユニシス（8056）　1134円

大手システムインテグレータ。拠点統廃合などの合理化効果や不採算案件の影響が減りつつあることから、収益は改善傾向に。16年予定の電力小売りの全面自由化では、異業種からの新規参入業者を通じた電力システムの需要拡大が見込め、大手電力会社を顧客に持つ同社の優位性が発揮されやすいでしょう。また、18年3月期を最終年度とする中期経営計画を策定していて、今後収益が大変貌する期待もあり、株価への影響も注目です。

■株高は国策で、野村は大化けも期待

野村ホールディングス（8604） 657・2円

証券グループ国内最大手。グループ傘下に、野村證券や野村アセットマネジメント、野村信託銀行など。今後はインフレが進むと予想されていて、そうなれば個人金融資産が貯蓄から投資へシフトするのは確実で、同社にとっては大きなプラス材料となります。また、アベノミクスが続き、日本の株価が上がるときには、野村も一緒に上がるでしょう。

株価は、2016年中には倍増、さらに数年の間には3倍増も狙えると予想します。

■地盤改良工事などが収益を牽引

不動テトラ（1813） 245円

2020年頃にかけて建設投資額の増加基調が予想される中、地盤改良工事などが収益を牽引しそうです。土木事業やブロック事業でも受注単価の上昇が予想され、利益率改善につながる相乗効果が期待できそうです。

株価は、ここ数年は200円あたりが上値抵抗となっていましたが、鮮明に上抜けた今は、逆に200円が下値の目安になる可能性が高いでしょう。今後の収益力向上を考えれ

ば、今の株価には割安感があります。

■業績好転前の安いところを狙いたい

古河電気工業（５８０１）　２０６円

古河電工は歴史と実績があり、今後の期待から安いところは狙い目といえます。目先の冴えない業績では、積極的に買う人はいませんが、今後東京オリンピック特需で電線や光ファイバーの需要が大幅に増え、業績が好転するとなれば、株価は好業績を先に織り込む形で上昇するでしょう。株価目標としてはまず２５０円に期待。さらに、２〜３年先は倍増もあり得る株となりそうです。１８０〜１９０円あたりは絶好の買い場です。

■過去最高値の更新も期待できる

牧野フライス製作所（６１３５）　９８２円

工作機械専業で、マシニングセンターに強み。円安によるプラス効果や、国内及び米国など主要先進国における工作機械受注の回復で、15年3月期は大幅な増収増益が見込まれています。さらに、16年3月期についても大幅な増益が続くと予想され、過去最高益に近い水準になる見通しです。

株価は、今後の業績への期待度から見て、しっかり上昇する可能性大。07年の高値更新から過去最高も視野に入ってきそうです。

■3倍増も夢ではない、割安商社株

丸紅（8002） 690・9円

資源をはじめ、非資源関連の電力、ガス、上下水道のインフラ、環境、衣食住など多岐にわたる分野で事業を展開しています。15年3月期は、非資源分野が堅調に推移したことなどから、過去最高益を見込んでいる会社計画をさらに上回ると見られています。

商社株は全体的に割安ですが、中でも値頃感がある丸紅は狙い目です。配当利回りが高いのも魅力です。株価は、1年で倍増、2〜3年保有すれば3倍増の夢もあるでしょう。

■メガバンク一の高い配当にも注目できる

みずほフィナンシャルグループ（8411） 202・4円

3大メガバンクの一角。みずほ銀行、みずほ信託銀行、みずほ証券などが傘下にあります。「One Mizuho」のスローガン通り、「銀・信・証」のグループ一体戦略による収益面のシナジー効果から、収益構造の転換が着実に進んでいる点は評価できます。

2期連続増配予定で、予想配当利回りは3％超とメガバンクの中では高水準。高配当株として長期で保有しても魅力は十分。株価目標は、1年で50円高、2年なら倍増も狙えます。

■外国人観光客の増加で売上増に期待

三越伊勢丹ホールディングス（3099） 1752円

08年4月に三越と伊勢丹が経営統合して誕生。15年3月期の営業利益予想の350億円は、5期連続の増益で過去最高益更新。訪日外国人は増え続けていて、外国人に人気の高い銀座に店舗があるのは強み。14年10月からは免税対象が拡大される一方、15年秋からは三越銀座店に免税店もオープン予定。売り上げ効果への期待大で、追い風が吹くのはこれから。

株価の目標は2年後で2000～2500円。ここから2～3年では倍増も狙えるでしょう。

■国産小型旅客機の量産開始に期待

三菱重工業（7011） 630・8円

総合重機で国内最大手。エネルギー関連や産業機械、船舶、航空機など幅広い事業を展開。中でも、国産小型旅客機MRJの量産開始への期待は大きく、また交通システム事業では「高速新交通システム」の開発も手がけるなど、材料は目白押し。事業の再編から近年はM&Aも積極的に進めています。

株価は中期的には200円高、長期では500円高も狙えるでしょう。東京オリンピック前までに、驚くほど上昇している可能性もあり。

■株価は東京オリンピック前に数倍になる期待も

三菱UFJフィナンシャル・グループ（8306） 702円

銀行、信託、証券業務を中心に、クレジットカードや貸金業務などを行っているグローバル金融グループ。海外事業を積極的に進めていて、15年3月期は米州・アジアが収益を牽引。今後も海外戦略を収益ドライバーとした、国際部門の収益拡大が見込まれます。

利益面から見た株価は割安で、配当利回りから見ても買い余地大。株価目標は、まず

200円高、1~2年後には1000円高も。さらに東京オリンピック前に数倍になっている期待もあり。

■新分野への参入で長期の安定成長が狙える

村田製作所（6981） 1万2750円

電子部品専業メーカーで、日本トップクラス。チップ積層セラミック・コンデンサ、セラミック・フィルタなどの小型部品のシェアは世界一。業績面では、スマートフォン市場の拡大により、コンデンサや通信部品が伸長。主力の無線通信関連部品では新規分野に参入方針で、長期の安定成長が狙えそうです。

また、潤沢な資金を背景に株主還元にも積極的。配当による利益還元に加え、自己株式の取得なども適宜実施しています。

■新商品の投入による収益の拡大に期待

ヤマハ発動機（7272） 2517円

二輪車世界大手。オートバイ製造販売のほか、マリン製品や電動自転車、産業ロボットなど、さまざまな製品を手がけています。産業用の無人ヘリコプターの販路を広げていて、15年からは韓国にも輸出を開始。ヤンマーにもＯＥＭ供給を開始していて、今後はさらに売上高を伸ばしていく計画です。新興国での二輪車販売の拡大などで、足元の業績は好調。他事業での収益拡大も加わり、引き続き右肩上がりの展開が想定されるでしょう。

■展開するすべての事業が拡大方向へ

楽天（４７５５）　１６８２円

ネット通販で国内トップクラス。主力の「楽天市場」の事業ではさらに利便性を強化する方向で、海外展開などにも積極的です。また、金融や旅行、電子書籍、無料アプリといったあらゆる事業について、さらなる拡大も計画しています。業績は前期に続き上向きで、今後とも拡大が期待されます。

株価は、安いところを徹底して集めていくのが効果的。今後は1年計画で＋１０００円狙い、2～3年かければ倍増の夢があるでしょう。

■M&Aにも前向きで、6000円も狙える

リクルートホールディングス（6098） 3590円

人材派遣のリクルートは、歴史から見ても、実績から見ても注目度大。業績も堅調に推移しています。企業力が高く評価されていて、特に海外展開に積極的な点やM&Aにも前向きな点は、今後株価上昇の有力な材料になる可能性もあります。M&Aが取り沙汰されれば、予想以上に強い相場になる場合があり、将来的には6000円の可能性もあり。3500円以下は買い場となるので、全体が波乱で下げた場面ではしっかり押し目を狙いましょう。

■来期の伸びを考えると「戻りの旅」はまだ初動段階

レオパレス21（8848） 674円

アパート・マンションの賃貸管理や建築の請負などを展開。同社は、リーマン・ショックや東日本大震災などの急激な経済変動によって大きなダメージを受けましたが、近年はアベノミクス効果もあって業績が急回復。2016年3月期は、前期に引き続き賃貸事業の利益成長が見込まれていて、10円の復配も視野に入ってきているようです。

今後の利益回復を考えれば、株価の「戻りの旅」はまだ始まったばかりと考えられます。

※株価は、2015年2月12日終値

巻末付録

超初心者でも
すぐに使いこなせる
オンライントレードの基本

口座開設から
注文の出し方まで

証券口座はネット証券で開設すること

株取引のためには証券口座の開設が必要です。証券会社は数多くありますが、選ぶべきはネット取引ができる証券会社です。と言っても、現在では実店舗を構えている証券会社でも大手・中堅クラスであればネット取引ができるところが大半でしょう。

ネット取引が重要なのは、ネットから売買注文が出せなければデイトレードは不可能だからです。朝イチで買い注文を出し、30〜40分で決済しようというトレードは、証券会社に電話をして注文しているようでは間に合いません。

では、ネット取引ができる証券会社ならどこでもよいのでしょうか。私がお勧めしたいのは、ネット取引専業の証券会社（ネット証券）です。その理由は、主に次の2点です。

①取引手数料が安い
②機能や情報が充実している

まず①についてですが、株式を買ったり売ったりする際には取引手数料が発生します。ネット証券は、相対的にこの手数料が安いところが多いのです。例えば、50万円分を指値で買った場合、ある大手証券のネット取引では取引手数料が３０００円以上かかりますが、ネット証券ならだいたい２００円前後～５００円超程度で収まります。デイトレーダーが少ない利幅で取引を繰り返して利益を上げられるのは、手数料が安いネット証券が登場したおかげでもあるのです。

②については、後述しますが、ネット証券のサイトでは株価や企業の情報やニュース、投資したい銘柄を探すためのスクリーニング機能など、さまざまな情報や機能が充実しています。無料で利用できるものも数多くあり、銘柄選びに大いに役立ちます。

口座を開くネット証券を選ぶ際には、取引手数料の安さと機能や情報の充実度のほかに、システムと経営の安定性についても検討してください。取引時間中にシステムが落ちて、希望する取引ができなくなってしまっては困るためです。ちなみに、証券会社が経営破綻をしても、その会社を通じて購入した株がなくなってしまうことはありません。しかし、別の証券会社に移管する必要が生じてスムーズに取引ができなくなるなど、さまざまな面倒が考えられますから、経営が安定していることも重要です。

図表19　代表的なネット証券

名称		SBI証券	カブドットコム証券	松井証券	マネックス証券	楽天証券
URL		https://www.sbisec.co.jp/	http://kabu.com/	http://www.matsui.co.jp/	http://www.monex.co.jp/	https://www.rakuten-sec.co.jp/
特徴		総合口座の開設数でネット証券最大手。取扱商品が豊富で、日本株では夜間取引（PTS）にも対応している	逆指値やリレー注文など、自動売買を支援する注文機能が豊富。三菱UFJフィナンシャル・グループの一員	手数料は1日定額制のみ。定金額合計10万円/日までは何度取引しても手数料無料。QUICK情報が無料で利用可	売買タイミングをアドバイスするツールや信用取引の自動決済発注サービスなど、取引を支援するツール・情報が充実	9割以上のユーザーが無料で使用する、高機能トレーディングツール「マーケットスピード」が人気
手数料（税抜）	約定金額20万円	185円	270円	300円	180円	185円
	約定金額50万円	272円	540円	500円	450円	341円
日本株対応		現物、信用、単元未満株、一般信用売り、夜間取引	現物、信用、単元未満株、一般信用売り	現物、信用、一般信用売り	現物、信用、単元未満株	現物、信用
特殊注文対応		逆指値	逆指値、OCO、往復、リレー、±指値、トレーリングストップ	逆指値、OCO、往復	逆指値、OCO、往復、連続	逆指値、OCO
高機能トレーディングツール		○	○	○	○	○
スクリーニング機能		○	○	○	○	○
日本株以外の取扱商品		外国株、投信、債券、FX、先物など	投信、債券、FX、取引所CFDなど	FX、先物、海外先物など	外国株、投信、債券、FX、先物など	外国株、投信、債券、FX、先物など

ネット証券の中でも大手と呼ばれるところ、具体的にはSBI証券、カブドットコム証券、松井証券、マネックス証券、楽天証券あたりであれば、比較的安心して利用できるのではないかと思います。

口座開設は、各社の公式サイトから簡単に申し込めます。手続きはネット証券によって若干異なりますが、基本的には各社で用意している書類と身分証明書を提出するだけです。早いところでは、申し込んだ即日から一両日程度、時間のかかるところでも1週間〜10日程度で開設手続きは完了します。なお、前述の5証券を含め、ほとんどのネット証券では口座管理料は不要です。

ネット証券の口座は複数開設することができますから、まずひとつ口座を開いてみて、使い勝手や手数料の面などで不満があれば、また別の口座を開設すればよいでしょう。

ネット証券のサイトでできること

ネット証券のサイトでは、まず当然ながら株の売買ができます。しかし、それだけしか使わないのは非常にもったいない。ネット証券のサイトには、株式投資を効率的に行うための機能や情報が豊富に用意されているからです。

例えば、個々の銘柄については、主に次のようなことを閲覧・確認できます。

・株価の推移（株価チャート）
・企業の基本情報や決算情報、財務状況（『会社四季報』など）
・最新のニュース
・現在の注文状況（板情報）

デイトレーダーなら取引前に必ずチェックする、NYダウ平均や日経平均先物といった各種指数も、ネット証券のマーケット情報のページですぐに見ることができます。

保有している銘柄や注目している銘柄を100～1000本ほど（ネット証券によって異なる）登録する機能もありますから、銘柄管理もネット証券のサイトを活用すれば簡単に行えます。

買いたい銘柄を絞り込むためのスクリーニング機能も、多くのネット証券で備えています。スクリーニング機能を使えば、「東証一部銘柄で、30万円以下で買えて、日経225の採用銘柄、PER（株価収益率）が30倍以下、証券会社のレーティングが中立以上、配当があって、経常利益が1年前より10％以上増加している」といった条件の銘柄も瞬時に絞り込みが可能です。

また、ネット証券によっては、株主優待のある銘柄を、権利確定月や優待のジャンル、投資金額などで絞り込めるという優待検索機能もあります。

その日の値上がり率／値下がり率の上位銘柄や、出来高／売買代金の上位銘柄を見られるランキング機能も、波乗りトレードの参考になります。出来高を伴って、株価が上昇しつつある銘柄にもいち早く気付くことができるでしょう。

ただし、ネット証券で提供している機能や情報量は、各社で違いがあります。例えば前述のスクリーニング機能は、ネット証券ごとに設定できる項目が少しずつ異なっている場合があります。ほかにも、株価チャートに表示できる指標の数が違っていたり、海外の株価指数や指数先物に見られないものがあるなどネット証券ごとに差が出てきます。

これは、客観的にどこが優れているというよりは、自分にとって必要な情報が見られて使いやすいところを選べばそれで問題ありません。前の項目でも触れた通り、ネット証券の口座はいくつ開いても管理料などは特にかかりませんから、複数のネット証券に口座を開いて、使い比べてみるのがよいと考えます。

なお、ここで取り上げた機能や情報は、あくまで国内株式の売買に関わる「できること」に限ったものです。投資信託や外国株、先物取引なども扱っているネット証券であれば、さらに多くの機能や情報が備えられている可能性もあります。

日本の株式市場にはどんな種類があるのか

株価コードや企業名さえ分かれば株は売買できるので、その株がどの「市場」に属しているのかという「市場」を意識していない人もいるかもしれません。しかし、基本的なことは知っておいたほうがよいでしょう。

日本の株式市場で一番知られているのは「東証（東京証券取引所）」です。東証は世界で3番目の規模を持つ証券取引所で、東証の中に「東証一部」「東証二部」、さらに「マザーズ」と「ジャスダック」という四つの市場があります。

「東証一部」には、時価総額や株主数、売買高、純資産などが一定の基準をクリアしている、主に大企業が上場しています。日経平均に採用されている225銘柄はすべてこの東証一部の上場企業です。「東証二部」にも同様の基準がありますが、一部に比べると基準がいくぶん緩やかで、やや規模の小さい中堅企業なども上場しています。

「マザーズ」と「ジャスダック」は「新興市場」と呼ばれ、ここに上場しているのはいわゆる「新興企業」です。「マザーズ」は特に「高い成長性」を重視していて、「ジャスダック」は、特色のある技術やビジネスモデルを有した「グロース」と一定の実績がある成長企業を対象とした「スタンダード」の二つに分かれています。ただし、両者の違いをそれほど意識する必要はありません。新興市場の銘柄は、東証一部銘柄などに比べると出来高が少なく、値動きが激しくなる傾向があります。そのため、波乗りトレードに向いているともいえるのです。

東証二部やマザーズ、ジャスダックの銘柄の中には、東証一部への鞍替えを目指すものもあり、もし東証一部に上場すれば株価が大きく上昇する可能性もあります。

さて、東証以外にも日本には証券取引所があります。「名証（名古屋証券取引所）」、「福証（福岡証券取引所）」、「札証（札幌証券取引所）」の三つです。名証には「セントレックス」、福証は「Q－Board（キューボード）」、札証は「アンビシャス」という、新興企業向けの市場もそれぞれ備えています。銘柄によっては、東証一部・二部やマザーズ、ジャスダックと重複上場している場合もありますが、例えば「健康コーポレーション」のように札幌アンビシャスに単独上場しているような企業もあります。地方の市場に単独上場している銘柄の場合、証券会社によっては買いたいと思っても取り扱いがないこともあるので注意が必要です。

株の取引には、現物取引と信用取引がある

株の取引方法は、大きく分けて2種類あります。一つは、証券口座に入金した資金の範囲内で株式を買う「現物取引」。そして、もう一つが「信用取引」です。

信用取引には、現物取引にはないいくつかのメリットがあります。

まず、信用取引では手持ちの資金以上の取引が可能です。現物取引では、手持ち資金が30万円なら、30万円までの株式しか購入できません（取引手数料が別途かかります、以下

同)。一方、信用取引の場合は、現金や株などの有価証券を担保として差し入れることで、手持ち資金以上の金額の株式を買うことができます。

例えば、30万円の現金がある場合、信用取引ならその30万円を保証金にすることで、手持ち資金の約3倍の約100万円までの株式が購入可能です。しかも、保有している現物株や、証券会社によっては投資信託なども担保にできるため、捨ての保証金を現金で用意しなくても構いません。

また、信用取引では「売り」から取引を始められる、つまり空売りができることも大きなメリットです。ここからさらに大きく値下がりしそうだという場合、現物取引では「買わない」という選択肢しかありませんが、信用取引ならまず「売る」ことができます。

仮に、30万円で空売りしておいて、20万円まで下がったところで買い戻せば、10万円の儲けとなります。しかも、前述の通り手持ち資金を保証金に、その約3倍まで取引ができますから、30万円の保証金があれば90万円分以上の空売りができて、同じように値下がりすれば、儲けは3倍の30万円になります。

さらに、信用取引のもう一つのメリットは、同じ資金で同じ日に何回も取引することができることです。現物取引の場合は、A社の株を買ってその日に売って、その日のうちにもう一度同じ資金でA社の株を買うことはできません。しかし、信用取引であれば、A社の株を買い建てて、その日のうちに手仕舞った場合、すぐにまた同じ資金でA社の株を再び買い建てることが可能です。デイトレで、1日のうちに同じ銘柄を何度も取引したい場合には、信用取引が効果的です。

ただし、信用取引には注意すべき点もあります。

一つは、場合によっては追加の保証金（追証）の差し入れを求められる場合があること。追証が必要になるのは、担保として差し入れている株が下落したときや、信用取引分の損失が大きく膨らんだときです。普段から限度いっぱいの取引をしていると、多少の急落でも追証が発生してしまう可能性もあります。そのため、信用取引では、早めの損切りがより重要になります。

二つ目は、信用取引では株の名義が自分にはならないため、議決権や株主優待といった株主ならではの権利が得られないこと。ただし、配当については配当相当額を証券会社から受け取ることができます。短期トレードではあまり関係がありませんが、長期で保有して株主の権利を得たいという場合は、信用取引は不向きといえます。

なお、信用取引には、証券金融取引所が定めた条件を満たす銘柄を取引する「制度信用取引」と、証券会社が自由に定めた銘柄を信用取引できる「一般信用取引」の2種類があります。「制度信用取引」の銘柄はすべての証券会社で信用取引が可能ですが、「一般信用取引」の銘柄は証券会社によって扱いが異なります。特に、「一般信用取引」銘柄で空売りができるネット証券はごく一部に限られます。信用取引用の口座を開設する証券会社を選ぶときは、「一般信用取引」の扱いもよく確認しておくとよいでしょう。

基本の取引方法と注文の仕方

株を買うには、まずネット証券の注文画面を開き、銘柄と買いたい数量を指定します。株式は銘柄ごとに100株、1000株のような売買単位が決められているため、基本的にはその1単元の整数倍で指定します。例えば、1単元が1000株の銘柄なら、1000株、2000株といった感じです。銘柄によっては、1株単位のものもあります。なお、SBI証券やカブドットコム証券など一部のネット証券では、単元未満株の取引も扱っていて、その場合は100株や1000株が1単元の銘柄でも、1株から買うことができます。

次に、買値の指定ですが、基本の注文方法には「指値」と「成行」の2種類があります。「指値」は、自分の買いたい株価を指定する方法で通常はこちらを使ってください。

一方、「成行」は名前の通り、価格を指定せず、取引が成立するならいくらでもいいから買ってほしいという注文方法です。「成行」の注文は、「指値」での注文よりスピーディーに取引が成立するのがメリットですが、株価は一瞬大きく上下することもあるので、思いもよらない高値で買ってしまうリスクがあるということも覚えておいてください。

では、いくらで指値を入れるのがよいのか。これはケース・バイ・ケースなので一言では説明できませんが、デイトレードの場合は、NYダウの終値などからその日の全体相場の好調が予想される場合は、前日の終値で指値を入れておきます。終値＋1～2％程度で入れておけば取引が成立する可能性が高くなります。

注文には有効期限があり、ネット証券によって異なりますが、当日限定から最長30日程度まで選べます。ただし、低めの指値を入れておいたとしても、あまり長期間注文を出しっ放しにしておくのは厳禁です。相場の急変やその銘柄の不祥事などで株価が急落した場合は気付かない間に取引が成立し、そこからさらに株価が下がり含み損を抱えるといったことにもなりかねないからです。

注文方法には「指値」「成行」のほか、ネット証券によっては、指定した条件より株価が高くなったら買って、安くなったら売るという「逆指値」や、通常の注文と逆指値注文を同時に出せる「W指値」、保有している株を売って別の株の購入資金にするという「リレー注文」などの特殊な注文方法も用意しています。「Aという銘柄が売れたら、その資金でBという銘柄を買う」という「リレー注文」は、時間がない人にとっては便利な方法といえるかもしれません。しかし、最初からあまり複雑なことをする必要はありません。まずは「指値」だけきちんと使えれば十分です。

取引が無事に成立して株を買えたら、デイトレードの場合はすぐに売りの注文を出しておきましょう。売りの注文も「成行」と「指値」から選べますが、ここでももちろん「指値」を選択します。長期トレードの場合は、すぐに指値を入れる必要はありません。

なお、株価には「値幅制限」があります。これは、前日の終値を基準にして一定の金額以上には上がらないし、逆に一定金額以下にも下がらないという意味です。例えば、500円未満の株なら値幅の制限は上下80円、同じく2000円未満の株では値幅制限は上下400円です。もし前日の終値が400円の株が急上昇しても、その日の株価は

480円を超えることはありませんし、480円超の「指値」で注文することもできません。そのまま値が付かない場合は、翌日は480円+80円=560円が新しい上限になります。

最後に取引時間の確認です。「東証」の取引時間は、午前9時~11時半（前場)、午後12時半~15時（後場)。土日祝日は休みです。注文は、ネット取引であれば、ほとんどのネット証券で原則は24時間受け付けています。

株の利益はインカムゲインとキャピタルゲインの2種類ある

株取引で得られる利益には、インカムゲインとキャピタルゲインの2種類あります。インカムゲインは資産の保有によって安定的、継続的に得られる収入のことで、具体的には「配当」を指します。また、キャピタルゲインとは、保有資産の価格が変動することによって得られる収益のことで、具体的には株を売ったときの「売却益（譲渡益)」です。

まず、配当について説明します。株を購入すると誰でも株主になり、株主は会社の利益の一部を受け取る権利があります。これが「配当」です。ただし、すべての企業が配当を実施しているわけではありません。赤字など業績が悪くて無配になっている企業もあれば、新興企業などでは株主に還元するより企業の成長を優先させるため、利益はすべて内部留保に回し配当を出さない場合もあります。

逆に、株主還元に力を入れている企業の場合、「配当性向」といって利益のうち何%を配当に回すかを、公にしているところもあります。

配当は、売却益に比べると絶対額が少ない場合がほとんどで、地味な存在にも見えますが、配当の取得を目的とした株式投資法もあります。安定的に配当を出していて、配当利回り（配当÷株価×100）の高い銘柄を選び、長期で保有するという投資法です。

一方、売却益は、デイトレードのように保有する期間が極端に短くても、安く買って高く売りさえすれば手にすることができます。配当はどんなに多くても、利回りにして5%程度というところですが、大化けする株を選べば、最終的には（総額で）株価の2倍、3倍以上の売却益を獲得することができます。

もちろん、配当と売却益は対立するものではありません。業績が拡大傾向にあり株価が上がっていくような銘柄を長期で保有すれば、配当を手に入れつつ売却時には大きな利益を得ることが可能です。

大きな儲けを狙う投資では「株主優待」はあくまでオマケ

「株主優待」が人気です。株主優待とは、企業から株主へのプレゼントとでもいうべき存在で、年に1〜2回、株主になっている企業から自社製品の詰め合わせや運営している店舗や施設の利用券、あるいはどこでも使えるクオカードや図書カードといった金券などが送られてきます。

この株主優待を目的とした投資も最近非常に盛んになってきています。しかも、優待銘柄への投資効率は非常にいいといわれています。数年前、相場全体が下げたときに買われた優待銘柄は軒並み上昇していて、株主優待銘柄だけを買っていた人の資産が倍増したというケースも珍しくありません。ただし、それは今までの話で、これからはそうではないでしょう。なぜなら、人気のある優待を実施している銘柄の株価は、すでに十分上昇している可能性があるからです。

株式投資を始めるきっかけとしては、株主優待は悪くないと思います。株を買ったら、お米がもらえた、レストランの割引券がもらえたというのは、初心者にはうれしいことだし、励みにもなるでしょう。しかし、優待に重点を置いて例えば優待の内容で投資するかしないかを決めることには私は大反対です。

今後は、優待欲しさに割高な銘柄に投資してしまうと、例えば5000円の優待券を手に入れる代わりに、何万円もの含み損や売却損を抱えるケースも出てくるでしょう。

株主優待さえ手に入れれば、儲けが出なくてトントンくらいで構わないと考えている個人投資家も大勢いますが、この本の読者は投資で大金持ちを狙っているはずです。株主優待はあくまで投資の「オマケ」くらいに考えてください。優待を銘柄選びの一番の理由にしてしまうと、株価の値上がりという最も重要な目的がぼやけてしまいます。

それでも株主優待も手に入れたいという人は、買う前に次の点を必ず確認すること。

・株価の位置。チャートで見て高い位置ならNG
・業績の推移。今期、来期と上向きであること。赤字はNG
・事業内容と今後の展開力。成長性が感じられなければNG

・配当の内容。安定した配当を出せているか、無配はＮＧ
・優待内容。自分が欲しいだけでなく、ほかの人にも人気のある優待ならＯＫ

業績が上向きで株価が安く、今後の業績にも期待が持てて配当がある。その上で、最後に優待内容を確認して投資しましょう。また、自分や家族にとって必要のない優待は金額換算して高かったとしても意味がありません。優待券は金券ショップなどで換金できる場合もありますが、その場合は額面よりも割り引かれた金額になるので注意が必要です。

なお、株主優待は銘柄ごとに実施時期が決まっています。多くは本決算か第2四半期決算の月の月末で、優待をもらうためにはその時期に株主になっていなければなりません。逆に、その時期にさえ株主でいれば、翌日に売却したとしても優待を獲得する権利が得られます（継続保有条件のある優待を除く）。

最後に、私がお勧めする株主優待は、前述の条件を揃えているとすれば、米とおかずになるような食料品です。特に米は、年に3～4回、配当月によって分散できれば買う必要がなく最高です。「おこめ券」を優待としている企業もあります。食料品は、ハム、魚介の缶詰、梅干し、さらにお菓子などの優待を取得すると、年間を通じて助かります。外食

図表20　株主優待のある銘柄の例

銘柄名	コード	権利確定月	主な優待内容	優待獲得のための最低投資金額
マルハニチロ	1333	3月	自社グループ商品詰め合わせ（選択制）	17万9200円
プリマハム	2281	9月	自社製品	27万1000円
アサヒグループホールディングス	2502	12月	グループ会社商品（選択制）	36万7850円
日本マクドナルドホールディングス	2702	6月、12月	優待食事券	25万5900円
JPホールディングス	2749	9月	自然天日乾燥米5キロ	19万4000円
カゴメ	2811	6月、12月	自社商品詰め合わせ	18万5900円
ビックカメラ	3048	2月、8月	買物優待券	12万7600円
三越伊勢丹ホールディングス	3099	3月、9月	買物が10%引きになる株主優待カードなど	16万6500円
ソルクシーズ	4284	6月、12月	コシヒカリ2キロ〜	10万4000円
イオン	8267	2月、8月	保有株数に応じて買物代金のキャッシュバックが受けられるオーナーズカード	12万8300円
ANAホールディングス	9202	3月、9月	国内の普通運賃が片道50%引きになる株主優待券など	31万3300円
吉野家ホールディングス	9861	2月、8月	自社グループ店舗で使える優待券	13万5800円

※金額は2015年2月9日終値で計算

産業は、すでに多くの銘柄の株価が上がっていますが、よく行く外食で優待を実施していれば、株価の位置が安いときを狙って買うとよいでしょう。

紙の「会社四季報」の基本的な活用法と企業情報の収集法

上場企業の情報を得るための代表的なツールの一つが『会社四季報』です。年に4回発行されていて、最近ではパソコンで使えるＤＶＤ－ＲＯＭ版や文字や判型の大きいワイド版もあり、また大手ネット証券のサイトではログイン後に、銘柄ごとに四季報に掲載されている主な情報をチェックすることもできます。

四季報に掲載されているのは、まず企業の基本情報です。いつ設立して、決算は何月なのか、どんな事業を手がけているのか、どんな株主構成なのかなどのほか、本社の住所や電話番号、従業員数、取引銀行、企業サイトのＵＲＬなども掲載されています。また、株価チャートや主な指標、財務の状況、キャッシュフロー（資金の流れ）、格付けなどもコンパクトにまとめられています。

業績については、売上や営業利益、経常利益、最終利益、配当などが数年分まとめて掲載されているので、業績が伸びているのか悪化しているのかなども、四季報を見るだけで分かります。特に重要なのは、業績の予想が載っていること。会社側が発表する予想に加えて、四季報が独自に予測した業績予想もあり、多くの人がこれを参考にしているため、ぜひ目を通しておきましょう。

また、データ類だけでなく、四季報には業績の状況や見通し、最近の事業や財務に関わるニュースなども簡単な文章で説明されています。

もう一つ、企業の情報を入手するために役立つのが、その企業の公式サイトです。掲載している情報量は企業によってかなり異なりますが、IRのページを見れば、過去の決算短信まで遡れることが多く、その企業の業績についてより詳しく知ることができます。多くの場合、ニュースリリースなどもすべて閲覧できるので、知りたい情報を逃すことなく得ることができます。

しかし、重要なのはそうしたデータ的なものに留まりません。企業サイトには経営者からの挨拶や経営方針などが掲載されていることが多く、それを見ることによって数字だけでは分からない経営者の人柄や会社のビジョンなどを知ることができるのです。こうした数字以外の情報こそが、企業サイトを見るメリットと言ってもよいでしょう。投資するかどうか判断する上で、経営者を知ることにはとても意義があります。

経営者からの挨拶は、大企業ほど通り一遍の内容が多いようですが、例えば一代で起業して会社を大きく育てたような社長は自分の言葉でしっかりしたメッセージを語っている場合もあります。また、経営方針や「中期経営計画」などを掲載している企業も多く、そこでは、挨拶よりさらに具体的な内容——企業が中長期的に目指すところや今後の見通し、海外展開などが書かれていて、その企業に魅力があるか否かを判断する材料になるでしょう。

企業情報は、ほかには新聞やビジネス誌を中心とした雑誌、インターネットなどからも得られます。特に最近では、インターネットで検索すれば経営者の生い立ちから、その企業の従業員やアルバイトの評判、真偽の不確かな噂レベルのことまで何でも知ることが可能です。ただし、ネットの情報はウソも多いのでそのまま信じるのは危険です。あくまで参考程度に留めること、また確認が必要な情報であれば企業に直接問い合わせるという方法もあるでしょう。

情報収集はとても大切ですが、あくまで有望な投資先を絞り込むための作業です。四季報やインターネットを活用しつつ、必要な情報を効率よく集めるように心がけてください。

利益が非課税になるＮＩＳＡ口座も開いておこう

株式投資はこれからという人も、「ＮＩＳＡ」（ニーサ）という言葉を一度くらいは聞いたことがあるでしょう。「ＮＩＳＡ」とは「少額投資非課税制度」のことで、２０１４年1月から始まった新しい制度です。

名前の通り、「少額」（＝年間１００万円まで）の投資については、その利益を全額「非課税」で受け取ることができるのがＮＩＳＡのメリットです。

ＮＩＳＡを利用するには、証券会社などの金融機関で専用の「ＮＩＳＡ口座」を開設する必要があります。ＮＩＳＡ口座以外で取引した場合には、株式の売却益や配当金などには20・３１５％の税金がかかります（所得税＋復興特別所得税＋住民税）。例えば、利益が50万円あったとしたら、ＮＩＳＡ以外で取引すると10万１５７５円の税金がかかり、手取りは39万８４２５円になってしまいます。しかし、ＮＩＳＡ口座なら50万円をそのまま受け取ることが可能で、かなりお得です。

ただし、NISAの年間100万円の非課税投資枠は、一度使うと再復活はしません。20万円分株を買ってその日のうちに利益確定して売却したとしても、残りの非課税枠は100万円－20万円＝80万円のままです。そのため、短期トレードでNISAを利用するとあっという間に枠を使い切ってしまうかもしれません。それでも、前述の例で5％上昇して利益確定すれば、売却益の1万円は非課税で受け取れますからNISAのメリット自体はきちんと享受できているわけです。

あるいは、NISA口座では中長期で大きく上がりそうな株を買って保有するという方法もあるかもしれません。NISAの非課税期間は5年あるため、じっくり持って2倍、3倍になったところで売却することも可能です。

NISAの活用方法には、特に決まりはありません。とにかく、売却益や配当金が全額非課税なのはメリットです。特に初心者の方は、NISA口座を開設しておきましょう。

図表21　NISA（少額投資非課税制度）のポイント

Q：メリットは？

A：１年に100万円までの新規投資分の売却益や配当金・分配金が全額非課税になる

Q：利用するには？

A：金融機関で専用のNISA口座を開設する

Q：利用できる期間は？

A：現状では2023年までの間なら、いつでも利用開始が可能

Q：非課税期間は？

A：投資した年を含めて5年間。ただし、次の非課税期間に引き継ぎ（ロールオーバー）も可能

Q：非課税の対象は？

A：国内外の株式と公募株式投資信託（金融機関によって取扱商品は異なる）

Q：利用に制限は？

A：現在、NISAを利用できるのは日本在住の20歳以上のみ

Q：デメリットは？

A：特定口座・一般口座では可能な、損益通算や損失の繰り越しができない

Q：NISAで気を付けることは？

A：ある年に開設できるNISA口座は一人1口座のみ。信用取引、他の口座からの移管はできない

おわりに

私が主催する株式情報サイトは創業から15年が経ちます。

おかげさまで今では株式サイトの定番と言われるようになってきました。会費制サイトも同時に運営し、儲けるために必要な情報・データをこのサイトに集中させて提供しています。会費制サイトはそのときの相場利用の方法も解説していきます。本気で儲けたい投資家にとって有益なサイトとなっています。初心者から経験者まで数カ月経験すると、儲かる投資家になれる、そんなサイト作りをしています。

儲かる人と儲からない人、実はそんなに大きな差はありません。ところがそんな少しの差に気付かないまま間違った投資を続けてしまう人が多いのです。欲張ってもお金は入るものではありません。逆に逃げていきます。増やそうとすればするほど増えない。そんなジレンマの中で多くの人はもがいています。

反面、欲張らずとも株を信じて大儲けしている人もいます。方法さえしっかりしていれば、無理なく資金を増やしていけるのです。そうした人はリスクを承知でしっかり運用しています。

楽しく運用するか、損して悲しい残念な運用をするか、すべては株を扱う人の問題です。儲けられるか、損をするかは、運用する人の身のこなし方に尽きるのです。まさにスポーツ感覚の運用をマスターすることこそが大金持ちになれるカギなのです。

本書を参考に、とにかく自分に合ったトレード手法を見つけてください。無理なく自分でできる方法を探すことから始めることです。

この本を読まれた方がしっかり儲かるようになり、ここからの数年で大きく資産を増やすことに期待しております。どうぞ多くの儲けを出して、楽しめる株式投資をしていただきたいと思います。

２０１５年３月

ＮＳＮ株式会社　代表取締役社長　鈴木正剛

※投資はご自分の判断で行ってください。本書を利用したことによるいかなる損害などについても、著者および出版社はその責を負いません。

鈴木正剛（すずき せいごう）

株式情報サイト「キッチンカブー」代表。NSN株式会社代表取締役社長。1954年生まれ。証券会社、「産業と経済」編集人を経て、2000年より現職。デイトレードを中心に、株式投資に役立つ情報をインターネット上で毎日配信している。

知識ゼロ、資金ゼロから
億万長者になれる株入門

2015年3月17日　第1刷発行
2015年4月14日　第3刷発行

著者　鈴木正剛
発行人　久保田貴幸

発行元　株式会社 幻冬舎メディアコンサルティング
〒151-0051　東京都渋谷区千駄ヶ谷4-9-7
電話03-5411-6440（編集）

発売元　株式会社 幻冬舎
〒151-0051　東京都渋谷区千駄ヶ谷4-9-7
電話03-5411-6222（営業）

印刷・製本　中央精版印刷株式会社

検印廃止

ISBN 978-4-344-97199-8　C0095
幻冬舎メディアコンサルティングHP
http://www.gentosha-mc.com/